JN424801

문화콘텐츠학 총서 005

스토리텔링으로 보는 콘텐츠 기획

문화콘텐츠학 총서 005

스토리텔링으로 보는 콘텐츠 기획

김정희

한국외국어대학교 출판부

스토리텔링으로 보는 콘텐츠 기획

차례

서문

이야기가 중요하다

이야기하기의 매력

'이야기하기'란 인간의 근원적인 욕망이라고 할 수 있다. 이야기는 인류의 역사와 함께 시작되었으며, 이야기를 가지지 않은 민족은 세계 어디에도 존재하지 않는다.[1] 가장 오래된 이야기의 형태인 신화에는 고대에 인간이 이해하고 있는 대로의 세계관이 담겨있다. 미토스(mythos)와 로고스(logos)는 이야기의 방식에서 차이가 있을 뿐 결국에 전달하고자 하는 바는 같다고 할 수 있다. 따라서 우리가 '이야기하기'를 멈추지 않는 것은 세계와 관계를 이루기 위해, 우리 삶을 현실에 조화시키기 위해서이다.[2] 다시 말해 인간의 짧은 생애에서 이룰 수 있는 경험치는 한정되어 있으므로 우리는 보다 많은 체험을 통해 세상에 대한 이해를 넓히고자 끊임없이 이야기를 만들어내고 받아들이는 것이다. 이러한 맥락에서 오

1 Barthes, Roland(1977), "Introduction to the Structural Analysis of Narratives", *Image-Music-Text*, selected and trans. Stephen Heath,London : Fontana/Collins, 1977. p.79.
2 조셉 캠벨 & 빌 모이어스, 이윤기 역(2002), 『신화의 힘』, 이끌리오. p.26.

늘날 문화콘텐츠는 대중들의 이야기에 대한 근원적인 욕망을 담아내는 포괄적인 장(場)이라 할 만하다.

이야기라는 허구는 가능하면 현실을 닮아가고 실재에 가까워지려는 경향을 띤다는 것은 주지하는 바이지만, 동시에 그 역의 상황도 충분히 가정해볼 수 있다. 미래학자 롤프 옌센이 주창하는 '드림 소사이어티(Dream Society)'에서 사고 팔리는 것은 상품 자체가 아니라 상상력을 자극시키는 이야기이다. 세계 대부분에서 삶의 물질적인 측면을 보다 많이 확보하려는 추세가 끝나가면서, 인간의 감성적인 측면에 대한 관심이 증가하고 있다는 것이다.[3] 최혜실 역시 이야기가 얼마만큼 오늘날 현실 속으로 들어와 있으며 큰 영향력을 행사하고 있는지 논증하고 있다.[4] 예를 들어 극히 상징적인 시나리오를 가진 빈 라덴의 '퍼포먼스'는 유사한 장면이 담긴 영화들의 개봉을 미루게 만들 정도로 현실과 가상의 경계를 넘나들고 있다. 또 〈말아톤〉이라는 영화의 흥행으로 장애인에 대한 관심이 증가하는 현상을 통해 '장애인에 대한 차별 철폐'라는 추상적인 문구에 비해 이야기를 통한 메시지의 전달이 훨씬 강력한 소통의 도구가 될 수 있음을 알 수 있다. 이인화는 스토리텔링에 대한 사회 각 분야의 광범위한 요구는 삶의 전체적 파악이 불가능해지는 인식론적 위기와 연관되어 있다고 주장했다.[5] 정보의 홍수 앞에서 절망한 사람들은 논리적인 사유의 한계를 절감하고 단순한 정보보다는 사건을 겪은 사람의 경험을 통해 한번 걸러진 스토리를 원하게 된다는 것이다.

이야기가 마치 현실처럼 펼쳐지는 것은 문명의 발달과 첨단 과학 기술의 도움으로 현대에 이르러 더욱 효율적으로 실현되고 있지만, 이처럼

3 롤프 옌센, 서정환 역(2000), 『드림 소사이어티』, 리드리드출판. p.20.
4 최혜실(2006),「현대인과 스토리텔링」,『문화콘텐츠, 스토리텔링을 만나다』, 삼성경제연구소. pp.11-30.
5 이인화 외(2003), 『디지털 스토리텔링』, 황금가지. p.14.

현실이 점차 이야기화 되는 현상도 오늘날 더욱 두드러지고 있다. 아이러니하게도 두 가지 현상은 모두 과거로의 회귀 또는 인류사 전체를 포함하는 범위를 전제로 하고 있다. 롤프 옌센은 드림 소사이어티가 요구하는 훌륭한 이야기꾼의 자질은 수렵채취사회에서 기원을 찾을 수 있다고 하였다. 그것은 부족의 전설과 의식(儀式) 등의 이야기, 즉 정신적인 요소를 가장 중요시 여겼던 사회이기 때문이다. 그러므로 드림 소사이어티는 고대에 뿌리를 두고 있으며, 인류사 전체의 결과로 보아야한다.[6] 또 다른 근거로 21세기에 이르러 전세계적으로 신화가 부상하고 있다. 디지털 문화가 발달하고 인간의 감성적 욕구가 증대하는 사회가 올수록 오히려 인류는 이야기가 중요한 가치를 지녔던 고대에서 해답을 찾으려 하고 있는 것이다.

문화콘텐츠와 스토리텔링

오늘날 이야기를 하나의 코드로서 적극 활용하고 있는 것이 바로 문화콘텐츠이다. 문화콘텐츠의 영역 안에는 영화, 애니메이션, 게임, 음악, 축제, 테마파크 뿐 아니라 방송 콘텐츠, 모바일 콘텐츠 등 복합적인 장르들이 동시에 들어와 있으며, 앞으로 새로운 항목이 추가될 가능성 또한 열려있다. 그러나 '문화콘텐츠'라는 용어는 이러한 다양한 장르들의 단순한 집합을 의미하는 것은 아니다. '콘텐트(content)'가 오늘날의 용례로 쓰이기 시작한 것은 1990년대 중반 유럽에서 '멀티미디어 콘텐트(multimedia content)'라는 용어가 사용되면서부터이다. 그것이 한국에서는 모든 형태의 미디어에 담기는 내용물 전반을 가리키는 의미에서 자연스럽게 복수형이 된 것이다.[7] 즉 디지털 문화에서부터 출발하여 이전 미디어들로 외

6 롤프 옌센, 서정환 역, 앞의 책. pp.19-25.

연을 넓혀온 문화콘텐츠는 그 장르와 플랫폼의 다양성에도 불구하고 '문화'라는 공통의 넓은 틀을 바탕으로 하나의 개념을 형성하고 있다.

우리는 '문화'라는 콘텍스트를 크게 두 가지 면에서 접근해 볼 수 있다. 첫째는 개별 콘텐츠를 하나의 텍스트로 보았을 때, 텍스트 창작을 둘러싼 해당 사회의 문화적 맥락을 상정해볼 수 있다. 모든 예술 작품은 기본적으로 동시대의 문화를 바탕으로 만들어지지만, 문화콘텐츠와 같이 반드시 밀접한 상호작용을 전제로 하는 것은 아니다. 다시 말해, 양자 간의 차이는 작가주의에 중점을 두느냐 대중성에 중점을 두느냐이다. 김기덕 · 신광철은 디지털 기술의 출현과 더불어 이루어진 일련의 패러다임 변화를 관통하는 키워드로 '대중화코드'를 꼽고 있다. 문화의 내용이 대중화시대를 맞이하여 좀 더 광범위해지고 다수가 향유하는 것으로 변화되

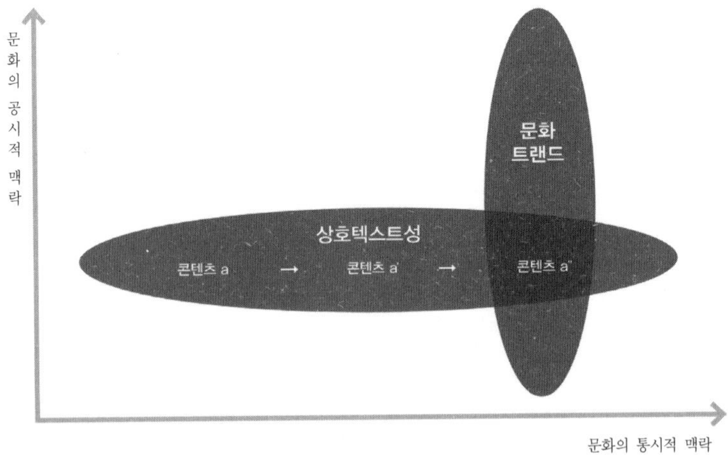

〈그림 1〉 문화콘텐츠에 작용하는 문화적 맥락

7 인문콘텐츠학회(2006),『문화콘텐츠 입문』, 북코리아. p.14.

었다는 것이다.[8] 시대의 트렌드를 분석하고 이에 민감하게 반응하는 문화콘텐츠의 산업적 맥락과도 연결되는 부분이다.

둘째는 상호텍스트성의 관점에서 바라보는 문화적 맥락이다. 모든 텍스트는 다른 텍스트의 수용이면서 또 한편 다른 텍스트에 대한 응수(réplique)이다.[9] 따라서 어떤 이야기도 독자적으로 존재하는 것이 아니다. 최초에 세계에 대한 이해가 이야기로 지어졌다면, 그것은 세계를 구성하는 또 하나의 요소가 되고, 후대의 사람들은 그들 입장에서 또다시 세계에 대한 이해를 시도하며 새로운 이야기를 만들어내는 것이다. 바흐친은 자아를 구축하는 것은 다양한 사회 제도 속에서 남의 이야기를 듣고 배우는 과정이라 할 수 있으며, 결국 이것은 남의 이야기와 자신의 이야기가 서로 섞이는 상호 교차적인 대화의 과정이라고 했다.[10] 문화콘텐츠가 아무리 최첨단의 미디어를 선보인다 하더라도 '이야기'라는 근본적인 속성은 변하지 않으므로, 상호텍스트성이 시사하는 바는 크다.

흔히 문화콘텐츠의 기술적 환경이 하드웨어(hardware)에서 소프트웨어(software), 콘텐트웨어(contentware)로, 또 아트웨어(artware)로 변화하고 있다고 말한다. 이는 IT의 기본 전제 위에서 그만큼 내용적 측면이 중요해지고 있다는 것을 말해준다.[11] 따라서 미디어의 '내용'에 있어서 코드로 자리 잡고있는 스토리텔링은 문화콘텐츠의 핵심 기술이라고 할 만하다.

8 위의 책. p.11.
9 김인환(2003), 『줄리아 크리스테바의 문학 탐색』, 이화여자대학교출판부. p.69.
10 여홍상(2000), 『바흐친과 문화이론』, 문학과 지성사. p.310.
11 인문콘텐츠학회, 앞의 책. p.17.

문제는 스토리텔링 기획

문화콘텐츠 스토리텔링은 작가주의적 관점이 아니라 기획의 관점에서 접근되어야 한다. 문자문화 시대의 내러티브와 달리 오늘날 다양한 미디어 스토리텔링은 옛이야기를 들려주듯 대중들에게 친근한 방식으로 접근하는 속성을 지닌다.[12] 대중문화는 고급 예술과 달리 개별 작품보다는 전반적인 트렌드가 훨씬 중요하다.[13] 따라서 스토리의 변화 양상을 감지하고 해당 문화의 콘텍스트를 분석하는 능력은 필수적으로 요구된다고 하겠다. 스토리텔링은 다중의 담화화를 거친다. 즉 영상과 디지털로 재현되는 최종 담화화를 위해서는 일반적으로 최소한 세 가지의 단계[14]를 거쳐야한다. 여기서 가장 선행되는 '기획'의 과정은 문화콘텐츠라는 용어가 함의하고 있듯이 반드시 문화의 콘텍스트와 상호작용해야 하는 부분이다.

우선 문화의 통시적 맥락에서, 문화 자원을 효과적인 소재로 차용하는 동시에 이전에 있어왔던 유사콘텐츠 스토리와의 비교·분석을 통해 보편성과 차별성을 모색해야 한다. 또한 문화의 공시적 맥락에서, 우리 시대의 사회적 이슈와 트렌드를 반영하여 대중에게 호응될 수 있는 참신한 스토리로 전환시켜야 한다. 이러한 기획을 바탕으로 스토리텔링이 구성되어 다양한 미디어로의 재현, 즉 원소스 멀티유즈의 가능성을 높일 때 진정한 문화콘텐츠 스토리텔링으로서의 가치를 얻는 것이라 할 수 있다.

지금까지의 논의를 종합해보면 문화콘텐츠의 기획은 스토리텔링이라는 코드를 어떻게 활용하는가에 크게 의존하고 있다는 사실을 알 수 있

12 영상문화와 디지털문화가 지니는 구술성은 즉각적인 이해와 기억의 용이성을 요구하므로 보다 대중적인 이야기 방식을 지향한다.

13 스티븐 존슨, 윤명지·김영상 역(2006), 『바보상자의 역습』, 비즈앤비즈. p.189.

14 프리 프로덕션(pre-production), 프로덕션(production), 포스트 프로덕션(post-production)을 의미한다.

[그림 2] 문화콘텐츠 제작에서 스토리텔링의 역할

다. 그 가운데서도 영상콘텐츠는 속성상 이야기의 전달 자체를 목적으로 하므로 스토리텔링을 전면적으로 내세우는 대표적인 장르이다. 따라서 영상콘텐츠의 기획이란 곧 스토리텔링 기획이다. 우리는 이 책에서 스토리텔링 관점에서 영상콘텐츠 기획 방법론을 모색해보고, 실제 영화와 드라마의 풍부한 사례 분석을 통해 이를 검증해보도록 하겠다.

1

영상콘텐츠 기획의 이해

스토리텔링으로 보는 콘텐츠 기획

1

영상콘텐츠 기획의 이해

1. 기획이란 무엇인가

1) 영화기획은 기획영화와 다르다

최근 몇 년 간 국내 영상 산업에서도 프로듀서의 역할이 중요해지고 있다. 영화가 여러 전문인력, 예술가들의 협동 산물이라는 생각을 하면서도 '영화는 감독의 것'이라는 인식이 여전하였으나 이제는 기획력의 산물, 프로듀서의 역량이 이야기되는 것이다.[15] 이러한 한국 영화 산업의 변화에 주목하면서 유의할 것은 영화 기획이란 '기획영화'와는 다르다는 점이다. 기획영화는 90년대 초 〈결혼 이야기〉라는 영화를 필두로 기획 시스템에 의해 만들어진 일련의 상업 영화를 지칭하는 좁은 개념의 용어이다. 예를 들어 〈행복은 성적순이 아니잖아요〉(1989)의 경우 1년 6개월 동안 5백 명의 고등학

15 채윤희 외(2002), 『영화 프로듀싱과 홍보 마케팅 입문』, 도서출판 소도. p.19.

생들과 접촉하고, 설문조사를 하여 그들의 근본적인 고민이 무엇인지를 들었고, 심지어 제목 선정에 있어서도 여론조사를 하는 등 영화제작의 제반여건에 만전을 다하였다. 익영 영화사가 전문기획사인 신씨네와 제작한 〈결혼이야기〉(1992)는 이런 시스템이 한국영화계에 명확하게 자리잡기 시작한 기념비적인 영화로 평가된다.[16] 이 작품은 치밀한 사전조사(결혼과 관련된 자료조사와 신혼부부와의 인터뷰)를 통해 철저하게 관객과 시대의 트렌드를 반영한 시나리오를 완성하였다. 이것은 다시 말해 이 영화가 감독의 연출적인 감성보다는 기획자의 체계적인 시장 분석을 통해 철저하게 계획된 영화임을 의미한다.[17]

오늘날 영화의 기획이란 '기획영화'라는 한정된 틀에서 벗어나 영화 제작의 전반에서 중요한 위치를 차지하는 개념이다. 다시 말해 기획영화의 시스템이란 우선 아이디어를 발굴한 후, 철저한 사전조사로 시나리오나 영화작업의 가능성 여부를 타진해보고 시나리오 작가를 선정하여 이 기획안으로 제작자본을 찾는 순서로 진행되는 것을 말한다.[18] 그러나 일반적인 의미에서 영화 기획이란 작가의 아이템에 감독이 흥미를 느끼거나 감독이 직접 시놉시스나 시나리오를 쓰는 경우, 공모전에 당선된 작품의 영화화 등 다양한 개발 과정을 가지고 있다.[19] 어떤 경우이든 프로듀서와 감독, 작가의 상호 의견 조율과 합의를 목표로 영화의 기획이 진행되는 것이다. 관객의 트렌드에만 편향된 일부 기획영화와는 분명히 구별되는 지점이 영화 기획에서는 콘텐츠의 내적 완성도 또한 주요한 목적으로 작용한다는 것이다. 따라서 기획은 오늘날의 모든 영상콘텐츠 제작에서

16 황동미(2001), 「한국영화산업구조분석: 할리우드 영화 직배 이후를 중심으로」, 한국영화진흥위원회 연구 보고 2001-3.

17 최미숙(2002), 「한국 기획영화의 장르적 특성에 관한 연구」, 동국대학교 문화예술대학원 석사학위 논문.

18 황동미, 앞의 글.

19 채윤희 외, 앞의 책.

필수적인 요소라 할 수 있다.

영화의 기획에 있어서 산업적 목적을 이루기 위해 대중에게 영합하는 것만이 해결책은 아니다. 오히려 대중이 '원하는 것' 보다는 '필요한 것'을 제공하고자 하는 소신과 역량 또한 필요하다.[20] 성공을 거둔 콘텐츠들을 보면 트렌드에 편향되기 보다는 오히려 새로운 트렌드를 창조하는 사례가 많다. 기획영화와 같이 관객에게 영합하려 할 경우에는 '관객이 원하는 것이 무엇일까'에 의해 스토리가 결정되므로 주도권은 관객이 갖는다. 반대로 관객을 염두에 두고 써나가면서 관객으로 하여금 스토리에 몰두하도록 만든다면 주도권은 작가가 쥐게 되는 것이다.[21] 우리가 이 책에서 영상콘텐츠 기획 방법론을 다루어 보는 것은 대중에 영합하기 위해서가 아니라, 대중을 염두에 두면서 더욱 완성도 높은 창작을 하기 위해서이다.

2) 기획의 핵심은 스토리텔링

영상콘텐츠 산업에서 기획의 중요성에 대해서는 부연 설명이 필요 없을 정도로 주지되고 있다. 그런데 중요한 사실은 결국 영상콘텐츠의 기획이란 "시나리오가 나오기까지가 문제의 시작이면서 끝이나 다름없다"는 것이다.[22] 일반적으로 기획은 시나리오 개발과 연기자의 캐스팅, 스태프 구성 등으로 이루어지며, 여기에 촬영을 위한 제반 준비가 갖추어지면 프리프로덕션(pre-production) 단계가 완성된다. 일단 시나리오만 완성되면 되면 예산과 스태프 구성과 스케줄 조정은 단 이삼 일 만에라도 진행될 수 있는 사항이다. 이에 비해 시나리오 개발 과정만 몇 년이 걸렸

20 장기오(1997), 「TV 드라마 바로보기, 바로쓰기」, 커뮤니케이션북스, pp.52-53.
21 데이비드 하워드 & 에드워드 마블리, 심산 역(1999), 『시나리오 가이드』, 한겨레신문사. p.44.
22 채윤희 외, 앞의 책.

다는 이야기들을 우리는 어렵지 않게 들을 수 있는 것이다. 그런데 기획의 핵심이라 할 시나리오 개발에 관해 현장에서 활용되고 있는 체계적인 방법론은 거의 전무하다고 할 수 있다.

〈표 1〉 영화 제작의 프로세스[23]

단계
프리프로덕션(pre-production) 기획 및 촬영준비 단계 : 시나리오 완성, 캐스팅, 스태프 구성, 예산 짜기, 촬영 준비(헌팅, 섭외, 브릭다운 시트, 촬영계획표)
프로덕션(production) 제작 단계(촬영 개시일에서 종료일까지)
포스트프로덕션(post-production) 영화 완성에 필요한 요소 추가·점검 : 편집, 녹음, 현상, 색보정, CG

기획에 있어 실질적으로 핵심적인 역할을 하는 사람은 프로듀서이다. 프로듀서의 역할은 감독과 제작자 사이를 조율하며 콘텐츠의 외적인 부분을 책임지는 것이다. 그러나 프리프로덕션 단계 뿐 아니라 포스트프로덕션까지 제작 전반에 관여해야하는 프로듀서가 작품 내적인 면에 미치는 영향은 제한적이다. 물론 시나리오 개발 단계에서 작가와 감독과 함께 회의에 참여하여 의견을 제시하기도 하지만, 프로듀서의 임무는 주로 예산에 따른 여러 사항의 조율에 집중된다. 국내 영화 산업계에서 통용되는 프로듀서의 파트를 보아도, 제작자(executive producer)나 프로듀서(producer), 제작부장(line producer), 제작지원(assosiate producer/ assistant producer/ co-producer) 등의 개념은 명확하게 자리 잡고 있지만, 'creative producer'에 해당하는 프로듀서는 제대로 존재하지 않는다.

23 위의 책.

이는 할리우드에서는 파이낸싱을 책임지거나 기타 사업상의 문제와는 반대로 영화 제작의 예술적인 면에 주로 관계하고 있는 프로듀서를 가리키는 용어이다.[24] 역할에 따른 전문화가 이루어지지 않은 상황에서 콘텐츠 내적인 문제, 즉 시나리오의 개발은 사실상 작가나 감독이 자체적으로 책임질 수밖에 없다고 할 수 있다.

방송 드라마의 제작 환경도 이와 크게 다르지 않다. 국내 방송계에서 PD라고 불리는 직업은 프로듀서(producer)와 연출자(director)를 혼용하는 의미로 사용된다. 원칙적으로 프로듀서는 기획을 구체화시키고 거기에 필요한 제반 사항들을 결정하는 일을 하며, 연출자는 프로듀서가 낸 아이디어와 형식, 개요를 세부적으로 확대하고 발전시키는 역할을 한다. 제작 시스템이 복잡해지고 방송 전문 인력이 다양해짐에 따라 제작과 연출을 분리시켜야 한다는 목소리가 높아지고 있지만, 여전히 인력과 전문성이 부족한 탓에 한 사람의 PD가 기획・구성・연출을 겸하고 있는 것이 현실이다. 방송사에서 PD는 거의 디렉터에 가까우며, 프로듀서의 기능은 보통 부장급인 책임 프로듀서(CP)가 맡고 있다. 그러나 한 사람의 CP 밑에 여러 개의 프로그램이 있어 실질적이고 효과적인 역할이 수행되고 있지는 않다.[25]

이와 같은 상황 아래, 현대 영상콘텐츠 기획에서 핵심적인 부분을 차지하는 시나리오 개발에 관한 전략은 고스란히 감독과 작가의 손에 돌아오게 되었으며, 여기에 대한 실제적인 대안은 거의 전무하다는 것이다. 보완책이라면 영화와 방송 분야에서 각각 공동 창작이 이루어지고 있다는 점을 들 수 있을 것이다. 특히 최근에는 미국 드라마의 작가 시스템이 도입되어 기대를 모으기도 했다. 책임 집필가인 '크리에이터(creator)'가

24 안영진 외(2007), 『한국영화제작매뉴얼』, 커뮤니케이션북스.
25 장기오 앞의 책. pp.43-47 참조.

작품을 기획하고 전체 방향을 잡으면 거기에 소속된 작가들이 실제 대본을 완성하는 형태를 띠는 것이다. 그러나 에이스토리 이상백 대표는 “미국처럼 대규모 투자가 이뤄지지 않는 국내 드라마 제작 환경상 공동 작업의 시너지 효과가 나타나기가 쉽지 않다”고 말했다.[26] 이는 근본적으로 드라마의 형태가 다르기 때문이다. 한 시즌에 해당하는 드라마를 미리 완성해 연중 6-7개월에 걸쳐 매주 한 편씩 방송하는 미국식 ‘시즌제 드라마’는 장기간에 걸친 사전기획과 사전제작 시스템을 특징으로 한다. 보통 10명 내외의 작가가 철저한 자료조사를 바탕으로 탄탄한 구성을 자랑하는 대본을 집필하므로 완성도가 높다는 것은 우리에게도 부러운 시스템이다.[27] 그러나 이론적인 정당성에도 불구하고 국내 드라마 시장의 여건상 장기간의 대규모 투자가 뒷받침되어야하는 시즌제 드라마의 정착은 아직 요원하다. 그리고 대개 16부 이상의 미니 시리즈 형태의 국내 드라마의 경우는 에피소드의 나열보다는 하나의 중심 플롯에 정서를 몰입시키는 구조이기 때문에 공동 창작의 효과를 보기가 더욱 어렵다.

3) 시나리오 개발 전략

이와 같이 기획 단계에서의 시나리오 개발 전략이 시스템적으로 충족되지 못하는 상황이라면 내용적인 차원에서 방법론이 필요하다. 심산은 시나리오에 대해 정의하면서, 영화산업에서 시나리오가 차지하는 위상을 이해하기 위해서는 세 가지 차원에서 바라볼 수 있어야 한다고 말했다.[28] 첫째 시나리오는 하나의 완결된 작품이다. 좋은 시나리오란 주어진 제한

26 「미드식 작가 시스템, 국내에서도 통할까」, 「연합뉴스」, 2008. 6. 22일자.
27 「시즌제 드라마, 미국식이 만능은 아니다」, 「헤럴드 경제」, 2006. 11. 29일자.
28 심산(2004), 『한국형 시나리오 쓰기』, 해냄. pp.13-24.

시간을 규모에 맞게 활용하여 최대한의 완결미를 갖춘 것이어야 한다. 또한 모든 씬들이 전체와 조응하는 시나리오가 완결성 있는 작품이라 할 수 있다. 둘째 시나리오는 설득의 도구이다. 이는 상업 영화가 마땅히 갖춰야할 제작 가능성과도 연결되는 부분으로, 하나의 기획이 영화화되기 위해서는 우선 제작자나 투자자, 배우를 설득시켜야한다. 그러나 시나리오가 최종적으로 설득해야할 대상은 언제나 관객들이다. 셋째는 견적서로서의 시나리오다. 제작비 산출의 근거가 되는 것이 시나리오이기 때문에 최대한 투명하고 경제적으로 제시되어야 한다.

우리는 앞서 영상콘텐츠 제작에 있어 프로듀서의 역할에 대한 논의를 하면서, 현재의 산업 현장에서 프로듀서의 참여가 견적서로서의 시나리오 부문에 치우쳐있는 경향을 지적하였다. 물론 관객층과 트렌드 분석 등을 통해 설득의 도구로서 효과적인 시나리오를 개발하기 위한 노력도 있겠으나 그 방법에 있어서는 체계성이 떨어지고 있다. 그리고 시나리오의 완결성을 보장하기 위한 방법론은 부재한다고 볼 수 있다. 시나리오에 대한 기획적인 접근이라면 스토리의 여러 사항들이 제작 규모에 적합한가에 대한 판단과 조율을 핵심 요소로 보는 것이 현장의 실정이다. 따라서 우리는 이 책에서 예산과 관련된 사업적 검증 항목들은 배제하고, 설득의 도구와 완결된 작품으로서의 시나리오 개발에 대해서 논의해 보자.

[그림 3] 시나리오의 세 가지 차원

2. 스토리텔링 기획 모델

1) 기획의 두 가지 원리

가) 하늘아래 새로운 이야기는 없다

영상콘텐츠의 기획에서 가장 먼저 이루어지는 작업은 제작이 결정된 아이템에 관련된 기존의 유사콘텐츠들을 선정하고 분석해보는 일이다. 오늘날 특히 많이 활용되고 있는 신화나 원작, 실화 등의 구체적인 텍스트가 존재하지 않는다 하더라도, 기본적으로는 동일한 장르, 또는 비슷한 소재를 가진 콘텐츠들을 전제로 하여 시나리오를 개발할 수 있다. 영상콘텐츠의 시나리오 개발에 있어서 상호텍스트성은 시사하는 바가 크다. 상호텍스트적인 관점에서 완전히 새로운 이야기는 존재하지 않는다. 이러한 맥락에서 우리는 '원형스토리(ur-story)'라는 개념을 상정해보고자 한다. 어떠한 새로운 아이템에 대해서도 반드시 참조할만한, 그리고 비교할만한 이전의 원형스토리를 가정해볼 수 있다.

특히 오늘날 대중성이라는 현대 문화의 코드는 우리를 신화와 같이 익숙하고 쉬운 옛이야기들에 주목하게 만들고 있다. 미디어의 변화와 발전에도 불구하고 고대로부터 쌓여온 수많은 이야기들은 여전히 매우 중요한 문화적 자산이 된다. 태고 적부터 구술로, 또는 문자와 다양한 담화양식으로 전해내려오는 이야기들은 후대의 또 다른 이야기를 위한 하나의 원형스토리로서 가치를 지니는 것이다. 세계적인 킬러 콘텐츠(killer content)가 된 〈해리포터〉 시리즈나 〈반지의 제왕〉이 그러하며, 〈트로이〉가 그러하다. 국내에서도 단군 신화를 바탕으로 한 〈태왕사신기〉라는 드라마가 대규모 예산으로 제작되었으며, 〈장화, 홍련〉이나 〈분홍신〉 등 민담을 모티프로 한 영화들도 꾸준히 제작되고 있다.

특정한 개별 이야기가 아니라 하더라도, 문화유산으로 내려온 수많은 이야기들에서 추출해낸 일정한 패턴을 모방하려는 노력 또한 흔히 나타나는 경향이다. 테마에 있어서, 여성 관객들이 선호하는 '영원한 사랑'이라든가 남성 관객들이 열광하는 '영웅의 모험' 등은 언제나 반복적으로 변형되어 재생산되고 있다. 돈・사랑・권력・명예・영생 등 사람들의 관심을 자극하는 보편적인 자질들에 관한 테마들은 시대와 문화를 초월해 '스토리 밸류(story value)'가 높은 것들이다. 플롯에 있어서도 여러 학자들이 조사와 분석을 토대로 다양한 이론을 제시하였다. 예를 들어 유혹・변신・탈출・성장 등 일정한 플롯의 패턴들을 작가들은 시나리오 개발에 활용하고 있다.

가공의 이야기 뿐 아니라 역사적 사실에 근거한, '실화'로 불리는 이야기 또한 하나의 원형스토리가 될 가능성을 지니고 있다. 사극에서 주로 다루는 사료(史料)를 바탕으로 한 옛이야기 뿐 아니라, 현대사의 굵직한 사건들에 대한 이야기를 시나리오로 개발하는 사례도 많다. 특히나 국내 영화 시장에서 크게 흥행을 거둔 콘텐츠들을 분석해 보면 〈왕의 남자〉나 〈태극기 휘날리며〉, 〈실미도〉, 〈살인의 추억〉 등 역사적 사실이나 실화에 근거한 이야기 소재가 관객들에게 얼마나 강한 호응을 불러일으키는지 알 수 있다. 대중들은 이미 사회적으로 이슈가 되었던 사건들에 대해서 미리 친숙하게 받아들이므로 쉽게 공감할 수 있으며, 영상콘텐츠를 통해 어떻게 회고될 것인가에 관심을 가지고 지켜보게 된다. 최근 시청자들의 초미의 관심을 끌었던 드라마 〈선덕여왕〉이 기반으로 하는 전략도 전국민이 익히 알고 있는 역사라는 보편성이다.

이보다 더욱 직접적인 방식은 기존의 창작물을 원작으로 삼는 것이다. 이미 검증되고 인지도가 높은 원작을 각색하거나 '원소스 멀티유즈(One Source-Multi Use)'의 사례로 발전시키는 경우가 빈번하게 나타나고 있다. 문학 작품은 영상콘텐츠에 변함없이 좋은 원형스토리를 제공해주고 있으며, 최근에는 인터넷 소설이나 만화 등의 원작이 인기를 얻고 있다.

나) 시대적 코드와의 접속

기존의 원형스토리를 영상콘텐츠가 제작되는 시기의 해당 문화에 적합한 스토리로 가공하기 위해서는 콘텍스트의 분석이 무엇보다 필요하다. 여기에는 사회 전반의 변동과 트렌드를 비롯하여 콘텐츠 시장의 환경이 포함될 것이다. 대중의 관심사와 기호, 사회적 분위기, 기술의 개발이나 동종 업계의 동향 등 다양한 측면이 고려되어야 한다. 말하자면 영상콘텐츠를 기획할 때는 "왜 하필 지금 이 이야기인가"에 대한 답을 할 수 있어야만 한다. 그렇게 해야 투자자든 배우든 관객이든 설득을 할 수가 있는 것이다.

예를 들어 영화 〈황산벌〉(2003)의 흥행 배경에는 당시 폭발적인 인기를 모았던 개그 콘서트의 '생활사투리'라는 코너의 영향력을 전제로 한 기획이 있었다. 프랑스 소설을 원작으로 하는 영화 〈스캔들〉(2003)의 제작에는 〈다모〉와 〈대장금〉 등 소위 '퓨전 사극'이라는 새로운 장르의 인기를 반영한 스토리 기획이 뒷받침되었다. 물론 단순히 트렌드에 편승함으로써 콘텐츠의 흥행을 보장받는 것은 아니다. 영화 〈친구〉 이후 수많은 아류들이 제작되었지만 실패를 맛보았다. 다만 강조할 것은 내용적인 면에서 각양각색의 개성을 드러내야 하겠지만, 시대적 코드를 읽고 거기에 맞추어 전달하는 것이 대중적 공감대 형성에 유리하다는 점이다.

영화 〈왕의 남자〉(2005)의 제작자 정진완은 한 강연에서 "옛이야기가 지금 우리 삶에 어떤 은유로 다가오는가"를 반드시 염두에 두어야 한다고 했다.[29] 좋은 스토리란 전통적인 소재를 취하더라도 그것이 현대를 비추는 은유적인 국면을 반드시 가지고 있어야 한다는 것이다. 〈왕의 남자〉는 '연산군'이라는 역사적으로 보편적 소재를 차용하면서도 기존에 다루던 개인적 비극 차원에서 벗어나, 왕의 권력과 이를 조롱하는 광대의 대

29 문화관광부 주체로 열린 〈2006 문화원형 컨퍼런스〉, 2006.2.21, 코엑스.

럽을 통해 오늘날 대중들에게 더욱 강한 메시지를 남겼다. 또한 연산군과 장녹수의 애정 관계 대신 여장 남자인 공길을 중심으로 내세우면서 최근 이슈화된 동성애에 대한 담론을 적극 반영한 점도 대중의 이목을 잡아당겼다.[30]

이와 같은 트렌드의 반영과 무관하지 않게 콘텐츠의 형식적인 변화 양상에도 주목할 필요가 있다. 문화기호학자 로트만은 문화의 역동성에 주목하였다. 문화의 기호학적 구조는 체계 외적인 요소들을 끊임없이 체계성의 궤도 내부로 끌어들이고, 동시에 체계적인 것들을 계속해서 체계 외부의 영역으로 추방한다. 다시 말해 “언어학적 표현성 자체가 어떤 발화를 텍스트로 만들어주는 것은 아니라, 해당 문화 체계 속에서 유의미한, 보충적 자질들이 도드라져 나와 텍스트를 이루는 것”이다.[31] 따라서 해당 사회에서 하나의 전형으로 인정받을 수 있는 자질은 고정된 것이 아니라 항상 변화한다고 볼 수 있다. 그것은 오히려 이전 텍스트들이 가진 자질과 반대되는 요소에 의해 추동되기도 한다. 이처럼 고유한 시대적 특수성을 읽어내고 유연하게 대처하는 것이 중요한데, 특정 장르의 전반적인 경향에 따라 적절한 전략을 구사하는 것이 여기에 해당한다.

2) 이야기 보편소

기획의 두 가지 원리로서 제시하였던 보편성과 특수성의 작용은 영상콘텐츠 제작의 실무에서 자연스럽게 드러난다. 기획 작업이란 제작하고자 하는 내용과 연관성이 있는 유사콘텐츠들을 분석하고, 거기서 ‘기획포

30 김정희(2007), 『삼순이 신드롬: 성공하는 스토리텔링』, 하늘연못, 28쪽.

31 Lotman, Yurij M.(1978), “Text and function”, *New Literary History* - A Journal of Theory and Interpretation, Volume IX, No.2. pp.233-244.

인트' 또는 '차별성'이라는 항목을 만들어내는 것으로 요약될 수 있기 때문이다. 우리는 여기서 효과적인 영상콘텐츠 기획의 방법을 정립해보기 위하여 기획 포인트로 삼을 수 있는 요소들에 대해 제시해보려고 한다. 콘텐츠의 차별성은 다양한 맥락에서 구현될 수 있는데, 일반적으로 적용이 가능한 이야기 보편소를 한정시키는 방법이 효율적이라 여겨진다.

다양한 표현 양식으로 전달되는 '이야기'들의 근본 특성, 즉 하나의 이야기를 이야기일 수 있도록 해주는 기본 요소들에는 공통적으로 다음과 같은 사항이 포함된다. 첫째는 사건의 발전이며, 둘째는 사건을 이끌어가는 인물, 셋째는 사건이 펼쳐지는 배경이다. 여기에 학자들마다 조금씩 다른 항목들을 부가하는 경우가 있다. 위에서 제시한 항목들은 바로 소설 '구성'의 3요소와 일치한다. 원래 소설의 3요소는 주제·구성·문체이다. 여기서 구성에 해당하는 요소가 인물·사건·배경인 것이다. 영상콘텐츠에서 문체는 주로 감독의 연출 스타일에 의해 영향을 받으며, 시나리오 자체에 한정시켜보더라도 대사나 지문의 표현에 관한 문제이므로 우리의 논의에서 배제되어야 할 것이다. 따라서 우리는 주제와 더불어 구성의 3요소를 영상콘텐츠 기획을 위한 이야기 보편소로 한정해볼 수 있다.

사건의 발전이란 달리 말해 '플롯'이라 볼 수 있는데, 플롯과 '캐릭터'는 이야기를 이루는 양대 중심축이다. 스토리의 일반화된 유형을 말하는 플롯을 구분하는 데에는 다양한 학설이 있다. 하지만 극작법의 원류를 거슬러 올라가보면 모든 플롯이 두 가지 기본 플롯에서 파생되었다는 사실을 확인할 수 있다. 바로 '몸의 플롯'과 '마음의 플롯'이다.[32] 여기서 '몸'이란

32 로널드 B. 토비아스, 김석만 역(1997), 『인간의 마음을 사로잡는 스무가지 플롯』. 단테의 『신곡』에 나오는 지옥에서의 두 가지 기본적인 죄악, '포르자(forza:힘의 범죄)'와 '포르다(forda : 마음의 범죄)'에서 비롯된 인간 존재의 두 가지 본능적 기능을 토대로 만들어진 이론. 토비아스는 전자는 행동을 중심으로, 후자는 인간 내면의 탐구를 중심으로 전개된다고 설명한다.

내러티브의 뼈대를 이루는 플롯을 말하며, '마음'에 해당하는 것은 캐릭터라고 볼 수 있다. 즉 전자에서는 등장인물들의 행동이나 사건의 결과에 초점이 맞춰지며, 후자에서는 캐릭터에 대한 몰입 요소가 더욱 중요하게 강조된다. 이것이 현대 시나리오 작법에서 플롯 중심(plot-centered)의 시나리오와 캐릭터 중심(character-centered)의 시나리오로 양분하는 구분법의 기원이다. 작가들은 시나리오를 구상할 때 일반적으로 플롯에서 출발하는 방법과 캐릭터에서 출발하는 방법 두 가지 중에서 선택을 한다. 실제 시나리오 작가들에게 창작 과정에 대한 설문 조사를 하면, 대개 두 가지 스타일로 대별되는 것을 알 수 있다. 물론 플롯만으로 이루어진 시나리오나 캐릭터만으로 짜여진 시나리오는 있을 수 없다. 다만 이야기를 이루는 두 중심축 가운데 어느 쪽에 더 비중을 두느냐의 문제이다.[33]

배경은 크게 시간적 배경과 공간적 배경으로 양분된다. 그러나 사실 시간과 공간은 "상호 별개의 것이 아니라 동일체"로서 시나리오에서 '스토리의 세계'를 형성하고 있다.[34] 어떤 영상콘텐츠에서건 "그것의 스토리가 펼쳐지는 세계는 하나의 독자적인 창작품으로서, 실제의 세계에 대한 하나의 변주"이다.[35] 문자 서사 텍스트와 영상 텍스트의 가장 큰 변별적 특성은 바로 배경 공간 제시 방식의 차이에서 비롯되고 있다고 해도 과언이 아니다.[36] 문자 텍스트에서는 배경의 묘사를 위해 일정 시간을 들여야 하지만, 영상의 경우는 따로 묘사를 하지 않더라도 서술의 영역에서 동시에 제시된다. 즉 영상콘텐츠에서 배경은 하나의 이야기가 진행되는 내내 전면적으로 드러나는 중요한 요소라고 할 수 있다. 그런데 '시간'의 경우는 구조적으로 플롯에 수렴된다. 따라서 우리는 배경의 요소 가운데 '공

33 김정희, 앞의 책, pp.12-13.
34 서정남(2004), 『영화서사학』, 생각의 나무. p. 255.
35 심산, 앞의 책. p. 50.
36 서정남, 앞의 책, p.260.

간'을 보편소로서 규정하고자 한다.

마지막으로 주제란 '작가가 작품을 통해 표현하고자 하는 사상이나 철학'을 말한다.[37] 그렇다고 해서 영상콘텐츠라는 대중문화 장르를 순전히 주제를 증명하기 위한 수단으로 여기는 오류를 범해서는 안 될 것이다. 주제에 의해 스토리를 짜맞추어 캐릭터나 플롯이 종속된다면 좋은 스토리가 만들어질 수 없다. 여기에서 주제라는 말은 오히려 '다루고 있는 대상을 바라보는 작가의 시각'으로 정의내릴 수 있다. 자신이 다루고 있는 인물과 상황에 대해서 어떠한 종류의 태도도 가지지 않은 채 시나리오를 쓴다는 것은 거의 불가능하다. 따라서 모든 스토리에는 아무리 하찮은 것이라 하더라도 어떤 종류의 주제가 있기 마련이다.[38] 그런데 영상콘텐츠 영역에서 주제에 대한 중요성은 플롯이나 캐릭터에 비해 간과되고 있는 경향이 있다. 우리는 이야기 보편소의 하나로서 주제에 대해서도 주목해볼 필요가 있다.

3) 드라마의 통일성

영상콘텐츠 기획에서 차별성의 구현과 함께 반드시 모색되어야 할 것이 완결성의 문제이다. 사실 제작 현장에서 가장 절실히 필요로 하는 부분도 바로 콘텐츠의 내적 완성도를 높여줄 수 있는 방법론이다. 시나리오 개발 과정에서 프로듀서의 역할이 적극적으로 이루어지지 않는 상황에서 작가나 감독의 개인적인 판단에 의존해야 하는 경우가 많다. 방송 드라마의 경우 더욱 창작에 관한 작가의 권리가 폭넓게 보장된다. 물론 작가의식 또한 중요하지만, 영상콘텐츠로 제작되기 위해서는 균형잡힌 스토

37 장기오, 앞의 책, p.150.

38 데이비드 하워드 & 에드워드 마블리, 심산 역, 앞의 책. p.95.

리가 필요하다. 개인적인 작업은 스토리의 어느 한 요소에 치우치거나, 그로인해 다른 요소와의 연결성을 무시하게 되는 오류를 범할 가능성을 낳는다. 하나의 콘텐츠가 질 높은 작품으로 평가받기 위해서는 여러 가지 조건들이 제시될 수 있지만, 가장 기본적인 잣대는 통일성의 유무이다. 아무리 독창적이고 의미있는 지점을 갖고 있더라도 극 전체에서 통일성 있게 표현하지 못한다면 하나의 문화콘텐츠로서 불완전하다고 할 수 있다. 따라서 우리는 스토리텔링에 관한 보다 체계적인 모델을 드라마의 통일성 관점에서 제시해보려고 한다.

드라마의 통일성(dramatic unity) 모델을 수립하는 데에는 그레마스의 이론이 매우 유용한 근거를 제공하고 있다. 그레마스의 의미생성모델을 차용하여, 이야기 요소들 상호간의 일관된 의미 구축을 통해 완결성있는 시나리오를 창작할 수 있는 방법론을 연구해보자. 텍스트의 내재적인 구조는 계열체적인 대립을 통해 논리적 구조를 형성하는 심층 구조와 통합체적인 결합을 강조하는 표층 구조로 이루어진다. 이들을 '기호-서사 구조'라고 부르며, 이보다 좀 더 텍스트에 가까이 위치한 층위가 '담화 구조'이다. 텍스트의 의미는 단순하고 추상적인 심층으로부터 출발해서 담화 구조로 발전해가는 생산 과정을 지니는데, 이와 같은 구조를 도식화한

<table>
<tr><td colspan="2">텍스트</td></tr>
<tr><td colspan="2">담화 구조(structure discursive)</td></tr>
<tr><td rowspan="2">기호-서사 구조
(structure sémio-narrative)</td><td>표층 (niveau de surface)</td></tr>
<tr><td>심층 (niveau profond)</td></tr>
</table>

[그림 4] 의미생성모델(modèle génératif de la signification)

것이 바로 '의미생성모델'이다. 의미가 심층에서 표층으로, 다시 담화로 구축될 때 각 층위 사이를 넘어가는 것을 '전환(conversion)'이라고 부른다. 이 전환의 과정에서 변형이나 훼손없이 일관성 있게 의미가 표출되는 것을 추구하는 것이다.

우리는 여기서 각각의 층위들이 어떻게 이야기 보편소들과 연결되는지 논의해보자.[39] 심층은 담화 구조에 이르러 더욱 구체적인 의미들로 드러날, 텍스트의 기저 의미가 조직되는 곳이다. 따라서 스토리의 주제와 가장 밀접한 연관성을 갖는다고 볼 수 있다. 서사 행정을 도식적으로 드러내는 표층은 거시적으로 볼 때 플롯으로 간주될 수 있다. 그리고 담화 구조는 인물화 · 시간화 · 공간화가 이루어지는 장소로, 시간화의 개념을 플롯에 포함시킨다면 구체적인 캐릭터와 공간의 형상화에 연결될 수 있을 것이다.[40] 따라서 우리는 의미생성모델을 수용하여 일정한 주제가 구성의 3요소로 표현되어 나가는 양상을 아래와 같이 응용시켜 이해해 볼 수 있다.

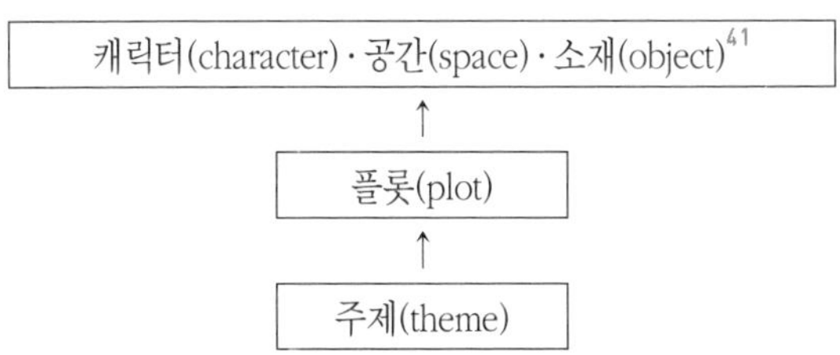

[그림 5] 드라마의 통일성 모델

39 의미생성모델의 층위를 이야기 보편소와 엄밀하게 일치시킬 수는 없지만, 실제 시나리오 개발에 있어서의 활용도를 넓히고자 하는 의도에서 모델의 응용을 시도하였다.

40 담화구조는 추상화된 문법으로 축소된 서사가 보다 구체적인 양상으로 드러나는 곳이다. 표층구조에서도 '행위소'라는 명칭으로 '기능'에 따른 작중인물이 제시되지만, 담화에서 구체적인 자질을 부여받은 '행위자'로 전환된다. 공간 역시 담화구조에 이르러서야 구체적인 양상으로 드러난다고 할 수 있다.

41 담화구조에서는 이야기 보편소가 아니라 하더라도, 특정한 '소재'가 주제 의미를 드러내는 '구상체(le figuratif)'로서 나타나기도 한다.

그런데 실제 영상콘텐츠의 시나리오 개발의 프로세스가 반드시 의미 생성 경로와 일치할 수는 없다. 일정한 아이템은 흥미로운 이야기 구조나 개성적 캐릭터, 트렌드를 반영한 공간이나 특정 소재일 수도 있다. 기획의 핵심적인 모티프들은 다양하게 작용할 수 있는 것이다. 어느 보편소에서 출발하든 드라마의 통일성을 상호 구축해야하는 것이다. 다시 말해 주제를 중심으로 영상콘텐츠를 기획한다면, 이것이 플롯과 캐릭터, 공간의 요소와 잘 연결되어 통일성을 이루도록 해야 한다. 마찬가지로 각각의 보편소들을 중심으로 한 전략에서 나머지 항들과 어떻게 통일성을 마련할 것인가 하는 문제를 해결해나감으로써 완결성 있는 시나리오를 개발할 수 있는 것이다.

따라서 하나의 원형스토리를 가정할 때 특정한 보편소를 기획포인트 삼아 차별성을 부각시키고, 보편소들 사이의 통일성을 부여하는 스토리텔링 기획 모델을 도식화하면 아래와 같다.

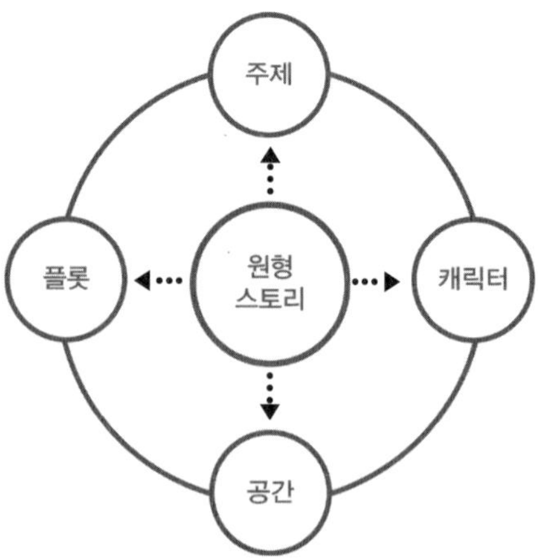

[그림 6] 스토리텔링 기획 모델

우리는 앞서 시나리오의 세 가지 차원을 설명하면서 설득의 도구로서, 그리고 완결된 작품으로서의 시나리오에 관해 연구하겠다고 밝힌 바 있다. 이야기의 보편소에 따라 보다 구체적이고 세밀하게 차별화 전략을 구사하는 것이 설득의 도구에 기여한다면, 이들 보편소 사이의 연관성을 살핌으로써 드라마의 통일성을 구축하는 것은 완결된 작품을 성립시킨다.

3. 영상콘텐츠 기획의 실제

1) 트렌드와 장르의 변화

우리는 이 책에서 동일한 콘텍스트 아래 동일한 장르에서 각각 주제 중심의 기획, 플롯 중심의 기획, 캐릭터 중심의 기획, 공간 중심의 기획을 활용한 콘텐츠들을 구분하여 분석해 보려고 한다. 이들 콘텐츠들이 핵심 모티프로서 각각의 보편소들을 어떻게 차별화시키면서 성공적인 기획포인트로 발전시켰느냐가 우리의 첫 번째 관심이다. 그리고 개별 보편소 중심의 전략이 전체적으로 어떻게 드라마의 통일성을 추구하여 스토리텔링의 완성도를 높이고 있는가 하는 것이 우리의 두 번째 관심이 될 것이다.

일정한 장르를 형성하는 속성들은 시대적 환경에 의해서 새롭게 변화를 거듭해간다. 닐(Neale)은 '장르'를 하나의 '과정(process)' 개념으로 보았다.[42] '반복(repetition)'이 장르의 가장 지배적인 속성이기는 하지만, 다른 한편으로는 장르 안에 '차이(difference)'와 '변형(variation)', 그리고 '변화(change)'라는 상대적인 속성이 내재하고 있다고 주장하였다. 일정한 장르는 고정불변적인 것이 아니며, 동시에 텍스트 내적인 규범에 의해

42 황인성(1999),「트렌디 드라마의 서사구조적 특징과 텍스트의 즐거움에 관한 이론적 고찰」,『한국언론학보』, pp.228-229 참조.

서만 확정되는 것이 아니다. 이는 산업적 요구와 대중의 기대 지평에 따라 계속 변형될 수 있다.[43] 따라서 시나리오 개발에 있어서도 해당 문화의 콘텍스트를 분석하고, 거기에 유연하게 대처하는 전략을 세우는 것이 중요하다.

영상콘텐츠의 스토리텔링에도 트렌드가 형성된다. 대중들은 익숙한 가운데에서 항상 새로운 것을 원하는 속성을 가진다. 우리는 기획 단계에서 시나리오를 개발할 때 그 흐름에 따라 일부 트렌드에 편승하기도 하며, 새로운 트렌드를 창조하기도 한다. 이때 동일한 장르의 전형은 일반적으로 대중성을 보장하면서도, 특정 부분 차별화되는 전략이 없이는 호소력을 갖기 힘든 것이다. 이러한 문제에 있어서 우리가 제시한 이야기 보편소는 다양한 모티프에 의해 새로운 변화를 추구할 수 있는 하나의 기준이 되어줄 수 있는 것이다.

다른 하나의 문제는 시나리오가 하나의 '완결된 작품'으로서 제시될 수 있기 위해서 어떠한 구조로 설계되어야 하는가이다. 주제 · 플롯 · 캐릭터 · 공간이라는 네 가지 이야기 보편소가 서로 긴밀히 연결되어 드라마의 통일성을 구축할 때 시나리오의 완성도가 보장된다. 우리는 분석대상의 선정에 있어서 대중적 흥행도 뿐 아니라, 작품의 질적 평가의 요소도 포함시켰다. 각각의 콘텐츠들이 특정 보편소를 중심 모티프로 시나리오 개발의 전략을 구사하였음을 추론해봄과 동시에 나머지 보편소들과 어떻게 드라마의 통일성을 유지하고 있는가를 세밀하게 분석해보겠다. 내적으로 일관된 의미를 구성함으로써 제작자 뿐 아니라 제작에 참여하는 다양한 전문가 집단들과 원활한 소통을 이룰 수 있으며, 궁극적으로 대중들을 설득할 수 있을 것이다. 우리는 이러한 종합적인 분석을 통해

43 대중서사장르연구회(2007), 『대중서사장르의 모든 것 - 1. 멜로드라마』, 이론과 실천. p.14.

작가를 중심으로 한 제작진이 시나리오를 개발하는 과정에서, 또 시나리오 개발 후에 검증하는 과정에서 활용될 수 있는 방법론으로서 정립하고자 한다.

2) 한국의 멜로드라마

멜로드라마는 대개 남녀의 애정 관계를 주된 내러티브 욕망으로 삼는 것으로, 대중서사장르[44] 가운데에서도 지극히 보편적이라 할 수 있다. 특히 멜로드라마는 한국 영화와 관객 사이에 공유되는 영화적 관습의 토대이자 가장 강력한 내러티브 장치로 자리잡고 있다.[45] 영화와 텔레비전 드라마는 시나리오에서 많은 차이점을 가지고 있다. 하지만 우리는 여기서 시나리오의 실제적인 구성이나 표현, 대사와 같은 작법을 논하는 것이 아니므로, 보편소를 중심으로 전체적인 구조 설계에 집중하고자 한다. 영화와 텔레비전 드라마에서 각각 멜로드라마 장르의 콘텐츠들을 선정하여 시나리오 전략을 분석해보는 것을 통해 스토리텔링 기획 모델의 활용 가능성을 검증해볼 것이다.

우선 영화 콘텐츠들의 분석을 통해 시나리오 개발의 다양한 양상을 추론해볼 것이다. 1990년대 말은 국내 영화계에서 멜로 장르가 다시 부상하면서 이전과 차별되는 여러 가지 새로운 경향들을 드러내던 때이다. 우리는 이 시기에 제작된 각각의 영상콘텐츠들이 어떠한 이야기 보편소를 핵심 모티프로 삼아 시나리오 전략을 구사하고 있으며, 어떻게 드라마의 통일성을 구축하고 있는가를 시나리오 분석을 통해 추론해볼 것이다.

44 대중의 기대 지평이 영화, 소설, 연극, 방송 등의 다양한 매체를 통해 산업적 요구와 만나 호흡하는 과정에서 형성된 일련의 서사 유형을 뜻한다. (대중서사장르연구회(2007), 『대중서사장르의 모든 것 - 1. 멜로드라마』, 이론과 실천. p. 10 참조)

45 유지나 외,『멜로 드라마란 무엇인가』, 민음사, 1999. p.9, p. 261 참조.

마찬가지로 2000년대 후반 텔레비전 드라마의 콘텐츠들을 분석해 볼 것이다. 현재 드라마 시장은 1992년에 시작된 한국 '트렌디 드라마'가 쇠퇴의 길로 접어들고 외국 드라마가 강세를 보이는 환경에서, 소위 '전문직 드라마'로 새롭게 활로를 모색하는 중요한 시점에 놓여있다. 전문직 소재를 내세우고 있지만, 한국 드라마의 특성상 멜로 장르의 영향은 여전히 강력하다. 우리는 트렌디 드라마의 양식에서 탈피해 새로운 경향을 드러내고 있는 각각의 전문직 드라마 콘텐츠가 어떠한 보편소에 강조점을 두어 시나리오 전략을 구사하고 있으며, 어떻게 드라마의 통일성을 구축하고 있는가를 연구할 것이다.

우리는 영화와 텔레비전 드라마 콘텐츠의 시나리오 전략 분석을 통해 특정한 시기 멜로드라마가 어떻게 장르적인 변화 양상을 드러내고 있는지를 연구해볼 것이다. 영상콘텐츠의 기획은 장르나 소재 등의 유사콘텐츠들을 하나의 원형스토리로 가정하고, 이에 대한 참신한 차별성을 추구하는 방식으로 진행된다. 대중문화에서는 개별적인 콘텐츠보다 오히려 전체적인 트렌드가 더욱 중요하다. 따라서 우리는 특별히 멜로 장르의 전환기로 불릴만한 시기를 선정하여, 같은 시기, 같은 장르에서 어떤 다양한 방식으로 시나리오 개발 전략이 이루어질 수 있었나 하는 문제를 집중적으로 분석해 보고자 한다.

2

영화 기획과 스토리텔링

스토리텔링으로 보는 콘텐츠 기획

2

영화 기획과 스토리텔링

1. 1990년대 말 새로운 멜로의 탄생

1990년대 후반 한국 멜로 영화는 '제2의 전성기'를 맞았다.[46] 이는 물론 관객수를 기준으로 하는 흥행을 말해주는 것이기도 하다. 그러나 동시에 1960~1970년대부터 형성되어 온 멜로드라마의 장르적 관습이 깨어지고 새로운 형식의 멜로 영화가 탄생했다고 하는 영화사적 의의를 드러내기도 한다. 여러 연구와 비평들을 통해서 이 시기는 한국 영화사에서 멜로 영화의 '전환기'로 자리매김되고 있다. 영화 〈접속〉은 일반적으로 '기존의 낡은 틀을 벗어난 새로운 멜로드라마의 탄생'이라는 영화적 담론에 불을 지핀 선구적인 작품이라는 평가를 받고 있다. 비평가에 따라서는 "〈접속〉이 제기하는 문제의식

46 한국 영화사에서 멜로 영화의 전성시대는 멜로의 고전이라 할 〈미워도 다시 한번〉, 〈영자의 전성시대〉, 〈별들의 고향〉이 제작된 1960년대에서 1970년대로 말해져왔다. (김훈순 · 김은정, 「한국 멜로 영화의 장르적 관습과 변형」, 『영상콘텐츠 연구』, 커뮤니케이션북스, 2005. p.12)

을 완성하고 새로운 멜로드라마가 탄생한 것은 〈8월의 크리스마스〉로부터 시작되는 것"이라고도 말한다.[47] 멜로 영화의 부흥기를 맞이한 이때부터 현재까지 한국 멜로 영화는 다양한 분화양상을 보여주면서 전개되고 있다.

장르는 텍스트 내적인 규범에 의해서만 확정되거나 고정불변의 것이 아니라, 산업적 요구와 대중의 기대 지평에 따라 계속 변형될 수 있다.[48] 한국의 멜로드라마는 근대 초기에 일본에서 서구 멜로드라마의 영향을 받아 형성된 신파극이 들어와 한국인의 정서에 맞게 번안된 것에서 시작하였다. 일반적으로 멜로드라마는 여성 관객을 목표로 하며, 선악(善惡)이나 미추(美醜)의 이분법으로 대비되는 평면적 인물들이 비약과 우연성이 심한 사건 전개를 통해 감정의 과잉을 불러일으키는 서사로 받아들여졌다.[49] 여기에 대해 1990년대 후반에 나온 멜로 영화들은 현대적 감수성의 반영, 신파성의 극복, 남성 중심적 멜로의 등장, 코미디 장르와의 혼합[50] 등 여러 가지 새로운 경향을 드러내고 있는 것이다.

우리는 이 장에서 멜로 장르에 또 다른 전성기를 가져다 준 영화콘텐츠들의 기획과 스토리텔링 전략을 분석해보고자 한다. 새로운 멜로의 출발선에 서 있는 〈접속〉(1997)을 시작으로 〈8월의 크리스마스〉(1998), 〈시월애〉(2000), 그 뒤를 잇는 〈엽기적인 그녀〉(2001)를 분석 대상으로 삼았다.[51] 선정 기준에는 대중적인 흥행과 내적인 완성도 양면을 포함시

47 김시무, 「한국 멜로드라마의 새로운 경향」, 『멜로드라마란 무엇인가』, 민음사, 1999. pp.244-245.

48 대중서사장르연구회, 앞의 책. p.14.

49 위의 책. pp.13-16 참조.

50 1960년대의 한국 정통 멜로는 1970년대 호스테스물, 1980년대 에로물에 스며들었고, 1990년대에는 코미디 장르와 결합되어 코믹 멜로가 등장했다. (김훈순 · 김은정, 앞의 책, p.13)

51 서울 관객수 기준으로, 〈접속〉은 1997년 국내 영화 흥행 2위(674,933명), 〈8월의 크리스마스〉는 1998년 국내 영화 흥행 3위(422,930명), 〈시월애〉는 2000년 국내 영화 흥행

켰다. 이야기 보편소를 중심으로 하는 우리의 기획 방법론은 각각의 콘텐츠가 어떤 차별화된 전략을 통해서 대중을 '설득'하였나하는 점을, 드라마의 통일성을 바탕으로 하는 스토리텔링 전략 방법론은 과연 이들 콘텐츠가 '완결된 작품'으로 평가될 수 있는가 하는 점을 동시에 고찰하도록 만든다. 우리는 이들 네 가지 영상콘텐츠가 각각 다른 기획포인트를 중심으로 개발되었다는 가설을 증명해보이고 스토리텔링 분석을 통해 완결성을 검증해볼 것이다.

우선 멜로드라마에서 신파적 소재로 활용되어온 죽음과 사랑에 대한 새로운 가치관을 드러내며 주제 중심의 기획 전략을 선보이는 〈8월의 크리스마스〉를 분석해 본다. 다음으로 민담 구조의 변용을 통해 플롯 중심의 전략을 강조하고 있는 〈접속〉을 분석해보고, 전형성에서 벗어난 참신한 캐릭터의 전략이 돋보이는 〈엽기적인 그녀〉를 분석해보겠다. 마지막으로 판타지와 멜로의 결합을 표방하며 가상공간의 모티프를 중심 전략으로 삼고 있는 〈시월애〉를 분석할 것이다.

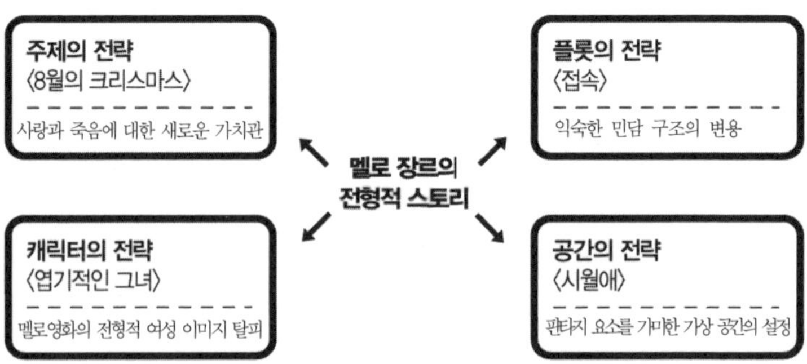

〈그림 7〉 1990년대 말 멜로 영화의 기획 전략

10위 (248,597명), 〈엽기적인 그녀〉는 2001년 국내 영화 흥행 2위(1,765,100명)을 차지했다(한국영화진흥원 홈페이지 참조).

2. 〈8월의 크리스마스〉 (1998)

1) 주제 중심의 기획

이 영화는 지금까지도 "절제되고 세련된 미학으로 멜로 영화의 또 다른 지평을 창조"한 영화로 자주 언급되고 있다.[52] 이것은 멜로 영화의 관습과 차별되는 주제 의식에서 비롯된다고 할 수 있다. 우리나라 멜로물의 경우에는 근대 초기부터 소위 '신파성'이라고 하는 감정의 과잉이 강하게 나타나는 것으로 정평이 나 있다.[53] 이러한 전통 아래 시한부 주인공의 이야기는 멜로 장르에서 즐겨 다루는 소재가 되었으며, 여기서 죽음은 일반적으로 주인공의 강력한 적대자이자 거부의 대상이 된다. 그러나 이 영화에서 죽음은 등장인물들의 정서를 극단으로 몰아 관객들을 동조시키는 자극적인 요소가 되지 못한다. 죽음과의 대립보다는 삶 속에서 죽음을 껴안아가는 양상을 띠고 있어, 멜로 장르 영화로서 죽음에 대한 새로운 관점이 눈에 띄는 요소로 부각되고 있다고 하겠다.

영화 속에서 죽음은 도처에 있다. 친구 아버지의 문상을 가는 장면을 비롯해서 영정사진을 찍으러 오는 할머니, 횟집 도마 위에 오른 생선을 바라보는 시선. 죽음이란 이 세계와 동떨어진 낯선 것이 아니라 우리 일상 속에 녹아있는 자연스러운 것임을 환기시키는 장면들이다. 주인공 정원은 어머니가 돌아가신 어릴 때부터 늘 죽음에 대해 느끼고 생각해왔으며, 자신이 당면한 죽음을 대하는 태도도 마찬가지이다. 죽음에 대한 인간의 불안과 공포는 당연하지만, 스토리는 그가 보다 담담하게 죽음을 받아들이는 과정에 초점을 맞추고 있다.

아이들이 돌아가고 난 텅 빈 운동장을 보며 어린 정원은 자신도, 아버

52 대중서사장르연구회(2007), 앞의 책. p.316.
53 위의 책, p.11.

지도 "언젠가는 사라지겠지"라는 생각을 해왔다고 한다. 여기서 '사라진다'라는 것은 '없어진다'는 것과는 다르다. 그것은 단지 눈앞에 모습을 드러내지 않을 뿐 완전히 존재가 소멸한다는 의미는 아니기 때문이다. 다림에게 귀신 이야기를 해 줄 때도 정원은 무섭지 않냐는 다림의 물음에, "우리도 죽으면 다 귀신 되는 거 아니야"라고 답한다. 즉 그가 생각하는 죽음은 완전한 부재가 아닌, 모습을 드러내지 않는 혼의 형태로의 탈바꿈이다.

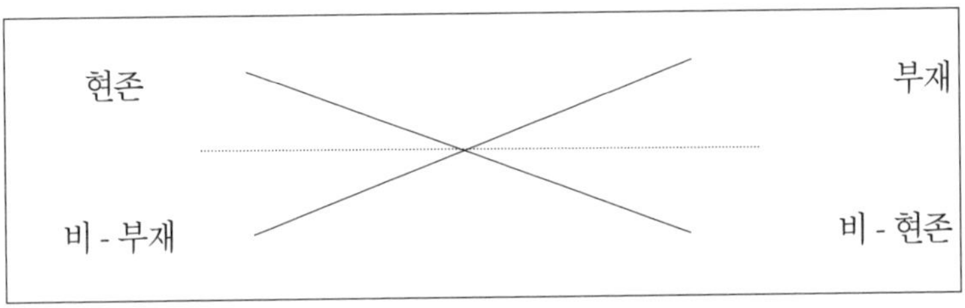

[그림 8] 영화 〈8월의 크리스마스〉의 기저 의미

우리는 위와 같이 '기호사각형'을 통해 이 영화가 드러내는 주제의 의미를 보다 명료하게 제시해볼 수 있다. 〈8월의 크리스마스〉에서 죽음은 인간이라는 존재의 '현존'과 그것의 '부재'를 단칼에 갈라놓는 기재가 아니다. 우리 삶 속에 죽음은 항상 공존하고 있다. '나'를 둘러싼 일상 곳곳에 존재하는 죽음들, 죽음으로써 눈에 보이지 않게 된 혼들이 함께 살아가고 있는 것이다. 이러한 죽음에 대한 관념은 생(生)과 사(死)가 일반적으로 의미하는 '현존'과 '부재'를 넘어서 그 아래 잠재되어있는 '비-부재'와 '비-현존'의 형태들을 인정하고 수용한다.

기호사각형(carré sémiotique) : 그레마스에 의하면 서사의 전체 의미는 두 주제의 대립으로 표현된다. 공통의 의미축 위에서 서로 반대되는 두 항목으로 이루어진 것이 의미의 기본 구조이며, 여기에 각 항의 모순항을 덧붙여 만들어낸 모델이 '기호사각형'이다. 기호사각형을 통해 분절된 의미 체계는 텍스트 심층의 기저의미를 형성한다.

이 영화가 심층적으로 독특한 의미를 구축하고 있는 것은 '사랑'에 대한 시각에서도 차별화되기 때문이다. 일반적으로 멜로드라마의 주제인 사랑의 추구는 결혼 또는 연애를 목적으로 실현된다. 〈8월의 크리스마스〉에서 인물들의 감정은 드러나지만 그것의 실현이 관건으로 주어지지는 않는다. 그렇다고 해서 그것이 사랑의 실패를 의미하는 것은 아니다. 즉 여기서 말하고자 하는 '사랑'은 소유의 개념을 내포하지 않는다는 것이다. 상대방은 소유해야 할 대상이 아니라 바라보고 지켜줘야 할 또 다른 주체인 것이다. 이러한 관점은 자연에 대한 동양적인 관점에 비유될 수 있다. 자연을 대상으로서 소유하려 하지 않고, 그 자리에 두고 직접 가서 즐기는 자연친화적 사상을 말한다.

시나리오에는 주제가 확실히 드러나는 지점이 있는데, 바로 '해결'이다.[54] 이 영화에서도 대상을 얻기 위한 투쟁이 아니라 사랑이라는 감정 그 자체에 대한 추구로서 멜로가 존재한다는 사실이 결말을 통해 더욱 선명하게 나타난다. 두 주인공은 사랑의 고백이나 진지한 연애도 이루지 못한 채 헤어졌지만, 이 영화는 분명 해피엔딩을 암시하고 있기 때문이다. 요절하는 정원은 마지막 순간 "사랑을 안고 떠날 수 있다"는 것에 만족하며, 사회 초년생인 다림에게는 두 사람의 만남과 이별의 과정이 일종의 통과의례로서 의미를 지닌다. 그녀는 자신에 대한 정원의 감정이나 갑작스런 이별의 원인이 그의 죽음이라는 사실을 알지 못하지만, 마지

54 데이비드 하워드 & 에드워드 마블리, 심산 역, 앞의 책. p.95.

막 씬에서 사진관에 걸린 자신의 사진을 보며 미소 짓는다. 이것은 스스로 겪어낸 성장의 결과에 대한 스스로의 평가라고 할 수 있다.

2) 드라마의 통일성

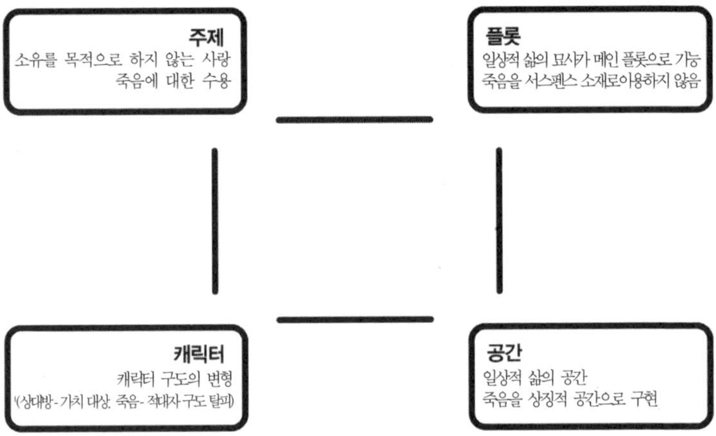

[그림 9] 영화 〈8월의 크리스마스〉 드라마의 통일성

플롯

수많은 대중 스토리에서 서스펜스 기법이 활용된다. 멜로드라마의 클리셰인 출생의 비밀이나 기억 상실 등의 소재는 초반에는 숨겨져 있다가 마침내 표면으로 드러나는 과정을 통해 극의 갈등을 부각시키기 마련이다. 〈겨울연가〉, 〈천국의 계단〉, 〈하늘이시여〉 등에서는 관객의 감정이입을 이끌어내기 위해 이러한 플롯을 내세우고 있다. 인기리에 방영 되었던 드라마 〈커피 프린스 1호점〉의 스토리도 결국은 '은찬이 여자'라는 비밀이 밝혀가는 것을 주축으로 삼고 있다. 영화 〈접속〉의 경우도 마찬

가지다. 이야기의 중심축이 서로 알아보지 못하던 두 주인공이 서로를 '알아보는' 과정으로 설정되어있기 때문이다.

> 서스펜스(suspense) ; '극적 아이러니(irony)'에 의해서 발생된다. 이야기 속 등장인물 중 적어도 한 명 이상이 모르고 있는 사실을 관객이 알게 될 때(누설: revelation) 아이러니가 발생한다. 그리고 일단 누설이 형성되고 나면 등장인물도 그것을 알게 되는 순간이 나타나는데, 이를 인식(recognition)이라고 부른다. 즉 서스펜스란 누설에서 인식 사이에 이르는 과정 동안 관객들이 스토리에 몰입한 채 가슴 졸이며 지켜보도록 만드는 강력한 도구이다. 이와 유사한 방식으로, 결말에 가서 강한 충격을 주는 '서프라이즈(surprise)' 기법이 있다.

이러한 맥락에서 〈8월의 크리스마스〉가 가지는 서사 구조상의 특이성은 스토리에서 중요한 의미를 지니는 정보가 '존재하지만 현상으로 드러나지 않는', '비밀'의 영역에 시종일관 머물러있다는 점이다. 정원은 자신이 시한부 생을 살고 있음을, 동시에 다림을 향해 사랑을 느끼고 있음을, 그리고 마지막에는 자신의 죽음조차도 상대방에게 드러내지 않는다. 즉 '누설'만 있을 뿐 '인식'은 나타나지 않는다. 신파극적 요소가 다분한 고전적 멜로 영화에서라면 주인공의 시한부 선고는 눈물샘을 자극하는 좋은 소재가 되었을 것이다. 미리부터 그 사실을 알고 있던 관객들은 여주인공 다림에게 그 정보가 주어지길 기다리고, 거기서 파생되는 갈등에 감정적으로 동조했을 것이다. 그러나 이 영화는 그와는 완전히 거리를 둔 방식으로 스토리를 전개하고 있다.

일반적으로 시한부 주인공의 이야기에서 기대할 수 있는 감정의 과잉을 유발시키는 서사 대신 이 영화에서 무게를 두고 있는 것은 바로 일상적 삶이다. 스토리는 많은 부분을 할애해서 정원의 하루하루 일상을 그려

낸다. 동네 아이들 싸움을 말리고, 저녁이면 아버지와 찌개를 끓이며, 여동생과 수박씨 뱉기를 한다. 그리고 사진관을 찾는 다양한 손님들의 사진을 찍어주는 것이 생활의 전부다. 말하자면 객관적 드라마가 거의 배제되었다고 할 수 있다. 현란한 액션이나 매혹적인 여인의 등장, 호사스런 연회 등은 객관적으로 드라마틱하다. 그러나 정원이 마당에 쭈그리고 앉아 수돗물에 파를 씻는 장면이 그 자체로 드라마틱한 임팩트를 주지는 않는다. 다만 관객들은 시한부 생을 사는 정원의 처지와 태도를 알기에 일상의 행동 하나하나가 특별한 감정을 자아내는 것이다. 이 영화는 스토리에 대한 관객의 지식과 참여에 기초하고 있는 주관적 드라마가 지배적으로 사용되고 있다고 하겠다.[55]

일정한 사건은 스토리 내에서 중심적 기능을 하는 핵(kernel)과 그것을 둘러싸고 보충하고 있는 위성(satellite)으로 구분된다. 〈8월의 크리스마스〉에서 전개되는 일상적인 사건들은 마치 스토리가 위성들의 나열로만 이루어진 것처럼 비춰지도록 만든다. 그러나 각 사건들은 부수적인 기능이 아니라, 오히려 전체가 서사 구조에서 부각시키고 있는 일상성이라는 의미를 만들어내는 하나의 핵으로 작용하고 있다고 하겠다. 역으로 핵심적인 사건으로 볼 수 있는 정원에게 다가오는 죽음, 다림과의 사랑을 표현하는 시퀀스들은 마치 위성처럼 보인다. 주요 기능을 하는 요소들이 주인공의 일상에서 도드라져 나오거나 부풀려지지 않고, 그 속에 자연스럽게 녹아있기 때문이다. 예를 들어 정원이 자신의 죽음을 감지하는 것도 아주 사소하고 현실적인 부분이다. 마루에 앉아 발톱을 깎다가, 어느 할머니의 영정사진을 찍어줄 때, 아버지가 비디오 리모컨을 사용하지 못하실 때 등이다. 심층 구조에서 설정된 죽음의 일상성이 표층으로 드러난 지점이다. 따라서 이러한 장면들은 여느 영화에서라면 부수적인 기능을

55 주관적 드라마와 객관적 드라마에 관해서는, 위의 책, pp.59-61 참조.

하는 위성일 뿐이겠지만, 여기에서는 중요한 역할을 하고 있다. 바로 주관적 드라마를 자아내는 핵으로서 말이다.

다림과의 멜로 라인도 마찬가지이다. 두 주인공의 사랑이 싹트고 발전하는 과정은 일상에서 벗어난 특별하고 드라마틱한 사건을 통해서가 아니다. 무더운 여름날 아이스크림을 건네고, 무거운 짐을 대신 들어주고, 우산을 씌워주면서 서로 교감한다. 그리고 서로의 감정은 그려지지만, 정원의 사랑은 어떤 결과를 목적으로 하지 않는다.

두 사람의 멜로 라인에서 객관적인 드라마를 제공하는 하나의 시퀀스가 놀이 공원에 함께 간 날이다. 서로에 대한 감정을 알게 모르게 키워오던 그들이 단 하루 행복한 시간을 보내는 시퀀스는 스토리에서 클라이맥스를 이룬다. 이 부분을 그레마스의 서사 도식에서 '근본시련'으로 가정한다면, 이 영화는 독특한 '영광시련'을 가지고 있다. 가장 행복한 순간을 겪은 두 주인공의 '영광시련'은 각자가 이루어나가기 때문이다. 정원의 마지막 나레이션은 다림을 향해 "사랑을 간직한 채 떠날 수 있게 해 준 당신에게 고맙"다는 말이었다. 그는 사랑을 긍정하는 동시에 죽음을 받아들인 것이다. 그리고 다림은 정원에게 굳이 이유를 묻지 않고도, 그와의 사랑을 추억으로 간직한다. 이들은 실제적으로는 사랑을 잃었지만, 내면적으로 사랑을 얻고 이를 승화시킴으로써 '영광시련'을 통과한다고 할 수 있다.

서사도식(schéma narratif) ; 그레마스는 서사성의 개념을 최초 상황에서 최후 상황으로의 변형으로 규정하였다. 그리고 양자 사이에는 '시련(épreuve)'이라고 부르는 동일한 구조의 세 가지 통합체가 정해진 순서에 따라 연결되어 있다고 보았다. 주체가 가치 대상을 획득하는 '근본시련(épreuve principale)'이 스토리의 중심에 위치하며, 그것을 가능하게 만드는 능력을 얻는 단계가 '자격시련(épreuvequalifiante)'으로 나타난다. 그리고 수행된 행조의 총괄적 확인을 위해 겪어야 하는 마지막 시련이 '영광시련(épreuve glorifiante)'이다.

캐릭터

이 영화에서 캐릭터의 구도는 그레마스의 행위소 모델이 도식화시키는 '한 대상에 대한 주체의 추구'로 설명하기 어렵다. 주인공인 정원이 '사랑'이라는 가치를 추구하며, 그 대립자는 '죽음'이라는 한계 상황으로 설정할 수도 있을 것처럼 보인다. 후반부에 입원한 정원이 다림의 꿈을 꾸고 일어나, 억지로 밥을 더 먹는 한 씬에서 그러한 대립구도가 살짝 드러나기도 한다. 그러나 사랑을 추구하기 위한 적극적인 행동이 일어나지 않으며, 죽음을 반드시 적대적으로 바라보고 있지도 않다는 점을 지적할 수 있다. 가시적으로 드러나는 양자택일의 결과를 초래하는 외면적 갈등보다는 오히려 '죽음'이라는 피할 수 없는 대립자와 '사랑'이라는 가치를 끝내 화해시켜나가는 내면적인 갈등의 과정을 다루고 있다. 또는 주체가 추구하는, 혹은 받아들여야 하는 가치를 '죽음'으로 설정한다면, 그것을 가로막는 대립자 편에 서 있는 '사랑'이 종국에는 원조자로 넘어가는 양상을 가정해볼 수 있을 것이다.

행위소 모델(modèle actantiel) ; 행위소 모델은 '주체(sujet)'와 '가치대상(objet)'을 중심축으로 한다. 여기에 물리적 대상이나 인식적 대상을 주는 자인 '발령자(destinateur)'와 받는 자인 '수령자(destinataire)', 주체가 대상을 획득할 수 있도록 도와주는 '원조자(adjuvant)'와 추구를 방해하는 '대립자(opposant)'가 부가된다. 주체와 대상을 연결하는 축은 욕망(désir)의 축, 혹은 추구(quête)의 축이라고 한다. 발령자와 수령자를 연결시키는 것은 '전달(communication)'의 축이며, 원조자와 대립자는 양자는 '능력(pouvoir)'의 축으로 연결된다.

공간

공간적 배경은 오래된 동네이다. 첫 씬에서 정원이 스쿠터를 타고 웃으며 동네를 지나가는 장면이 나온다. 그가 몇 십 년 동안 살아온 곳으로 주변의 초등학교, 태권도장, 슈퍼 뿐 아니라 골목골목 그에게 낯익은 일상적 공간들이다. 낡은 외관을 지닌 '초원사진관' 또한 아버지에게서부터 물려 내려온 익숙한 장소로, 다림과의 로맨틱 플롯이 전개되는 '주공간'으로 설정된다.

텅 빈 운동장

↓

바람이 부는 운동장

↓

빗물이 고인 운동장

↓

운동장에서 달리기하는 정원과 다림

↓

눈이 쌓이는 운동장

[그림 10] 죽음을 상징하는 공간 모티프 '운동장'

죽음의 테마와 관련하여 사용되는 공간적 모티프가 운동장이다. 정원이 어렸을 때부터 죽음에 대해 생각해온 곳이 바로 초등학교 운동장이다. 그는 아이들이 다 돌아간 빈 운동장을 보며 언젠가 자신도 그렇게 사라진다는 생각을 했다고 말한다. 영화의 중간에 계열체적 구조로 삽입되는 운동장 장면은 정원의 내면을 묘사하는 동시에 서사 구조의 진행을 함축적으로 제시하고 있다. 비어있던 운동장이 다림과의 사랑(달리기)으로 가득 채워지고, 끝내 사랑을 간직할 수 있다는 축복(눈) 속에 정원은 세상을 떠난다. 그 사이에 죽음에 대한 불안과 절망은 바람이나 빗물로 표현된다.

소재

- 유리

우리는 주제 분석에서 사랑에 대한 동양적 관점에 대해 언급했으며, 그것이 플롯에서 '비밀'의 영역을 벗어나지 않는 서사 구조로 표출되었음을 살펴보았다. 이러한 서사를 구축하도록 만드는 절제적 표현 방식이 가장 상징적으로 구상화된 것이 바로 유리창이다.

정원의 사진관은 전체가 유리문으로 되어 있기 때문에, 영화 전반에 걸쳐 유리를 사이에 두거나 유리 너머로 바라보는 장면이 많이 나온다. 〈창문너머 어렴풋이 옛 생각이 나겠지요〉라는 가요가 배경음악으로 흐르고, 정원은 사진관 유리문을 비누칠해서 물로 씻어내기도 한다. 다림이 끝내 사진관 유리창을 깨뜨려버린 것도 정원의 그 무관심해 보이는 절제에 대한 분노 때문이었다고 할 수 있다.

마지막 부분에서도 정원은 다림을 향해 바깥으로 나가지 않는다. 유리창 안에서 바깥을 바라다보며 유리창에 손을 갖다 댈 뿐이다. 만약 정원이 밖으로 나가 다시 한 번 다림을 만난다면 신파극으로 흘렀을 것이다. 이 영화를 삼류 멜로드라마로 끌어내리지 않는 그 경계점에 유리창이 존재하고 있는 것이다.

이것은 주제에서 분석했던 죽음에 대한 관점과도 연결된다. 유리창 너머에 있는 정원은 마치 죽음 이후의 모습과도 같다. 그는 사람은 누구나 죽어서 사라진다고 했다. 다림에게는 사라져 보이지 않지만, 정원은 유리 너머의 세계에서 다림을 바라보고 있는 것이다. 유리창은 바로 어쩔 수 없이 갈려지는 삶과 죽음의 운명을 암시하고 있는 것이다.

- **스쿠터와 티코**

우리는 이미 이 영화가 천착하고 있는 일상성에 대하여 여러 층위에서 분석해보았다. 죽음을 우리 생활 가장 낮은 곳으로까지 끌어내리는 동시에, 삶에 대한 애정 어린 시선을 놓치지 않는 것이 여러 소재를 통해서도 드러난다. 그 가운데서도 가장 상징적으로 구상화된 것이 있다면 스쿠터와 티코이다. 어느 날 우연히 주유소에서 만난 스쿠터를 탄 정원과 티코를 탄 다림. "만땅 삼천원"인 스쿠터와 국내 최소형의 승용차 티코를 통해 보다 작은 것, 낮은 것, 가까운 것, 이런 우리 생활의 소소한 면모들을 그리면서 그 안에 삶에 대한 애정, 죽음에 대한 아쉬움을 담아내고 있는 것이다.

3. 〈접속〉 (1997)

1) 플롯 중심의 기획

"언젠가 만날 것 같은 사랑"이라는 메인 카피를 가진 영화 〈접속〉의 독창성은 참신한 플롯에서 드러나고 있다. 멜로 영화의 서사가 여자 주인공과 남자 주인공이 한 번도 만나지 않으면서 진행된다는 것은 거의 상상하기 어렵다. 그런데 이 영화의 경우 맨 마지막 씬에 가서야 두 주인공이 서로 대면하게 된다. 말하자면 영화는 어떻게 해서 이들의 만남이 이루어지게 되었냐라는 전사(前史)에 해당하는 것이다. 이를 그레마스의 서사 도식으로 본다면 '자격시련'의 단계에 해당한다고 할 수 있다. 민담의 구조에서 가장 주된 단계인 '근본시련' 이전의 '자격시련'을 섬세하게 그려보이는 독특한 전략을 사용하고 있다.

그레마스가 프로프의 31가지 '기능' 목록을 재편할 때 자격 시련에 해

〈표 1〉 영화 〈접속〉의 기능 모델

내 용	기능
혼자 극장에 간 수현과 동현	부재
튈 위험이 있는 오래된 LP를 트는 동현	금지의 위반
유니텔로 신청곡을 접수한 사람을 알아보는 동현	탐문
'여인2'라는 아이디를 찾아 유니텔에 접속하는 동현	정보의 획득
영혜를 안다고 거짓말하는 수현	사기
수현을 믿고 영혜를 만나고자 하는 동현	본의 아닌 공모
기철과 친구로도 볼 수 없게 된 수현 / 회사를 그만 둔 동현	손해 혹은 결핍
수현에게 함께 볼 영화 티켓을 보내는 동현	위임
영화를 보러나가는 수현	주인공의 결단
극장 앞에서 기다리는 수현	출발
동현과의 연락이 두절됨 (영혜의 죽음)	시련의 지정
메시지를 남기고 계속해서 극장 앞에서 기다리는 수현	시련의 수락
은희에게서 수현의 소식을 듣는 동현	원조자를 받아들임
극장으로 나가는 동현	장소의 이동

당한다고 본 것이 '원조자를 받아들임' 까지 이다. 위의 도표에서 알 수 있듯이 〈접속〉의 스토리에서는 본격적인 '결투', '승리', '결핍의 해소' 등의 기능이 아직 나타나지 않는다. 다만 결말에서 주인공이 결투가 이루어질 곳으로의 '장소의 이동'이라는 기능만이 제시된다. 즉 안전하게 자격시련을 통과한 주인공이 근본시련을 시작하는 지점에서 영화는 엔딩을 맺는다.

'기능(function)' ; 프로프(Propp)는 200여 개의 러시아 민담을 토대로 특수하고 가변적 사건이 아닌 불변적 요소를 추출해내어 '기능' 모델을 제시하였다. 부재/금지/금지의 위반/탐문/정보 획득/사기/본의 아닌 공모/손해 혹은 결핍/위임/주인공의 결단/출발/시련의 지정/ 시련의 수락/원조자를 받아들임/장소의 이동/결투/표지/승리/결핍의 해소/귀환/추격/구출/익명으로 도착/거짓 주장/임무의 부과/성공/인지/악한의 정체 폭로/주인공의 현시/처벌/결혼

〈접속〉의 서사 구조와는 반대로 KBS 드라마 〈연애시대〉의 경우는, '결혼 생활'이라는 근본 시련에서 실패한 두 남녀의 '영광시련'을 다루고 있다는 점에서 이채롭다. 이른바 "헤어지고 시작된 이상한 연애"인 것이다. 이혼 후에도 서로에 대한 감정을 정리하지 못한 채 겉으로는 친구로 지내고 있는 동진과 은호의 모습은 '익명으로 도착'에 내내 머물러 있다고 할 수 있다. 또한 동진에게는 미연과 유경, 은호에게는 현중과 교수가 새로운 배우자로 나타나게 되는데, 이는 '거짓 주장'에 해당한다. 특히 동진은 유경과 결혼식까지 올리고, 유경은 자신이 그의 "아내"임을 강조하는 것을 볼 수 있다. 두 주인공에게 주어진 임무는 사산된 아이에 대한 그들의 오해를 푸는 것으로 드러나며, 동진의 친구 닥터 공의 도움으로 이를 성공시킨다. 그리고 숨겨왔던 각자의 감정에 솔직해지면서 서로에게 참주인공이 누구인가를 인지하게 된다. 유경은 마침내 거짓 주인공으로 판명나며 스스로 떠나고, 두 사람은 다시 결혼에 골인한다.

〈접속〉으로 돌아가보면, 특이한 메인 플롯이 가능했던 것은 두 주인공 각자의 또 다른 사랑을 담고 있는 서브 플롯이 뚜렷한 역할을 했기 때문이다. 동현은 대학 선배와 삼각관계에 있었던 옛사랑 영혜를 잊지 못한 채 살아가고 있으며, 방송국 작가 은희를 사이에 두고 선배 태호와 또 다른 삼각관계를 형성한다. 수현은 같이 사는 친구 희진의 애인인 기철을 짝사랑하고 있다. 영화 제작 당시, 사랑이야기인데도 남녀가 한 번도 만나지 않은 채 채팅 상에서만 만남을 지속해나가는 사건 라인에 대해 많은

우려가 있었지만, 오히려 이를 장점으로 개발하고자 했다고 한다.[56] 그러한 시도가 성공을 거둘 수 있었던 것은 바로 '연합(joining)'의 방식을 이용해 메인 플롯과 서브 플롯들을 입체적으로 구성하였기 때문이라고 할 수 있다.

영화 〈접속〉의 장르적 변화에 대한 지적을 보면, 여성피학적 서사가 부재하고 해피엔딩의 결말로 끝난다는 점도 언급되고 있다.[57] 엔딩에서 마침내 두 주인공의 만남을 제시함으로써 스토리는 희망적인 결말을 맺고 있다. 비극과 눈물을 선호해왔던 한국 멜로 영화에서 희망적인 결말로 차별적인 모습을 보여주었다는 것이다.

2) 드라마의 통일성

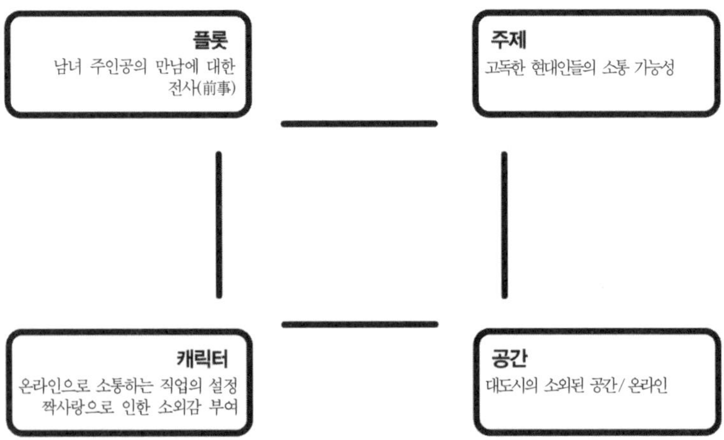

[그림 11] 영화 〈접속〉 드라마의 통일성

56 채윤희 외, 앞의 책, p.98.
57 김훈순, 앞의 책, pp.12-52.

주제

분석한 바와 같은 서사 구조를 통해 구축하고자 하는 주제의 의미는 무엇인가. 영화는 서두에서부터 고독과 소외라는 현대인의 정서를 짙게 깔고 있다. 현대 도시의 모습을 가장 적나라하게 드러내보이는 야간에, 주인공이 맡은 라디오 프로그램의 멘트는 이렇게 시작된다. "삶은 때로 먼 길을 원한다". 여기서 '먼 길'이 의미하는 것은 무엇일까. 바로 개인과 개인의 소통에 필요한 거리를 말하고 있다. 첫 씬에서 각자 혼자서 영화관에 앉아있는 두 주인공이 온라인에서 겨우 말문을 열어가는 과정은 현대인들이 겪고 있는 '만남'의 어려움을 이야기해 준다. 서사구조에서 지적한 대로 '자격시련'의 과정이 그토록 길고 긴 점, 그것은 바로 '먼 길'을 돌아가는 것은 "현대를 사는 우리들의 숙명"이라는 라디오 멘트를 영화 전체를 통해 풀어내고 있는 것이다.

앞 장에서 우리는 멜로 영화의 두 주인공이 마지막 씬에 가서야 마침내 만나게 되는 독특한 구조를 지니고 있음을 확인했다. 그러나 엄밀하게 말하면 영화가 진행되는 가운데 이미 두 주인공은 정확히 3번 마주친다. 첫 번째는 극장 입구, 두 번째는 중고 LP가게의 계단, 세 번째는 지하철 안이었다. 다만 그들은 서로를 알아보지 못한 채 스쳐지나간 것이다. 여기서도 강조되는 것이 익명성이다. 대도시의 인파 속에, 첨단 문명의 이기 속에 현대인들은 자신의 이름을 쉽게 숨긴다.

두 주인공은 채팅을 시작하면서도 서로 누가 누구인지 알지 못한다. 수현이 영혜의 친구라 거짓말을 해도 동현은 그 말을 믿을 수밖에 없으며, 애초에 그들은 '여인2'와 '해피엔딩'일 뿐 수현과 동현은 아닌 것이다. 이는 '단절'에서 벗어나려 하지만, 완전한 소통에 이르지 못한 '비-단절'적 상황이라 할 수 있다. '해피 엔딩'이란 현실에선 불가능하다고 믿는 동현은 끝내 어긋나는 만남도 있다는 말로 결말에 대한 회의를 던진다. 그러러나 채팅을 이어가면서 조금씩 마음을 열어가던 두 주인공은 각자의 공간에 머물면서 불완전하지만 소통을 시도하고 있다. 즉석 사진을 찍거나 머리를 염색하며, 가구에 페인트칠을 하는 등 몸에 밴 혼자만의 취미를 즐기지만, 동병상련을 느끼며 각자의 경험을 공유한다. 어느 날 동현이 일상적으로 찾는 편의점 여직원이 안약을 넣는 모습을 보고, 안구건조증이냐고 물어보는 장면이 있다. 알게 모르게 어느덧 서로의 생활에 영향을 미치는 것이다.

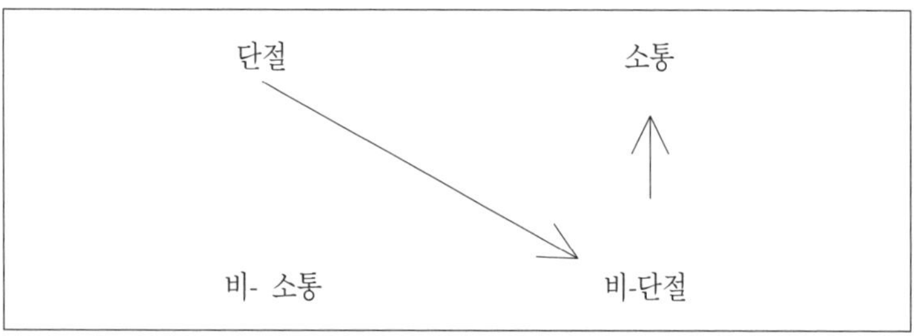

[그림 12] 영화 〈접속〉의 기저 의미

영화의 전반부에서 구축되고 있는 의미가 '단절'이라면, 후반으로 갈수록 그 대립항인 '소통'을 향해 변화하고 있다. 결국 두 사람은 만난다. 수현의 믿음대로 "만나야 될 사람은 반드시 만나"는 것이다. 팩스로 영화 티켓을 보내고, 며칠씩 극장 앞에서 기다리고, 망설이는 마음을 돌리는 긴 과정들을 거쳐 영화가 보여주는 것은 해피엔딩이다. 현실엔 좀처럼 없을 것 같으며, 최초의 시퀀스에서는 불가능하다고 보이는 두 사람의 만남이 이루어진 것이다. 이는 현대 도시에서의 '닫힌' 개인들의 소통을 지향하는 주제 의식을 대변하고 있다. 수현이 마지막 순간에 와서 포기하려고 했던 그 믿음을 지켜주고, '소통'에 대한 희망을 제시하기 위해 이야기는 '먼 길'을 돌아온 것이다.

캐릭터

여자 주인공 수현은 통신 판매원이라는 신종 직업을 가지고 있다. 사람들을 직접 대면하지 않고 전화를 통해서 물건을 사고파는 일, 역시 〈접속〉이 말하고자 하는 현대인의 감성과 맞닿아 있다. 하지만 여기서도 수현은 고객의 일을 남의 일로 보지 않고 성의를 다해 도우려고 한다. 어떻게 해서든 고객이 상품을 통해 다른 이의 마음을 얻기를 바라는 것이다. 얼굴도 모르는 그들이 연결되기를 바라는 것은 바로 자신이 가진 소망의 투사이다. 그리고 수현은 인공 눈물이 필요할 만큼 심한 안구 건조증을 가지고 있다. 이는 서로를 소외시키는 삭막한 도시적 정서를 상징적으로 드러내주고 있다.

남자 주인공 동현은 심야 라디오 프로그램 PD이다. 그 역시 눈에 보이지 않는 대상, 즉 청취자들과 대화를 하는 사람이다. 현대의 문명화된 삶이란 이렇듯 간접적으로 매체들을 통해서 의사소통이 이루어지는 것이다. 특히 그는 주관이 강해 방송국에서 늘 위기에 처해있으며, 같은 팀 내에서도 쉽게 융화하지 못하는 성격을 지닌 인물이다.

게다가 두 사람은 공통적으로 이루어질 수 없는 사랑 때문에 고립되어 있는 상황이다. 플롯 분석에서 살펴보았듯이 서브 플롯을 구성하고 있는 각자의 짝사랑으로 인해 더욱 소외되며, 정체되어 있는 인물로 설정되어 있다.

공간

주제에서 분석하였듯이 현대인들의 감수성을 기반으로 하는 이 영화의 주공간은 오늘날의 대도시이다. 특히 고도의 문명화를 상징적으로 보여주는 시간이 바로 밤이다. 가로등과 각종 네온싸인, 자동차 라이트로 대낮보다 더욱 화려한 도시의 밤이 배경으로 자주 등장한다. 심야에 일하는 동현의 직업과 야간 드라이브라는 수현의 취미가 근거가 되어주고 있다.

또한 주인공들은 극장과 단 몇 씬의 음식점 장면을 제외하고는 주로 자신의 집과 직장만을 주공간으로 삼고 있다. 다른 인물들과 같은 공간에 함께 머무는 경우가 제한되고, 각자 혼자서 시간을 보내는 단조로운 일상이 그려지기 때문이다.

무엇보다 가장 현대적인 공간이라면 외형적인 현대성을 지닌 실재 공간보다는 오히려 온라인 공간이라 할 수 있다. 멀리 떨어져 있어도 같은 시간에 함께 대화를 나눌 수 있는 가상공간은 현대인들의 또 다른 생활 터전인 것이다.

소재

영화에는 당시로서 최첨단 문명의 이기(利器)들이 자주 등장한다. 컴퓨터, 삐삐, 무선전화기, 팩스 등을 비롯해 제목이 말해주듯 통신 문화가 눈에 띄는 주요 소재로 활용된다. 그리고 현대적 감수성을 환기시키기 위해 사용된 소재가 헤어 염색, 폴라로이드 카메라 등이다. 대사에서 검은 머리를 그대로 두는 여자는 "고집스런 여자"로 정의되는데, 머리카락을 부분 또는 전체 염색하는 것은 시대적 유행이었다. 그리고 기다리지 않아도 되는, 바로 뽑아볼 수 있는 즉석 사진의 일회성, 간편성 등은 현대 문명의 특징을 담고 있다. 이는 더 이상 수도물을 끓여 먹지 않고 편의점에서 생수를 사 먹으며, 일회용 종이컵을 사용하는 동현의 습관을 통해서도 드러나고 있다.

이와 같은 문명의 도구들이 현대의 '고독'을 구상화하고 있다면, '소통'

의 의미를 띠는 소재도 나타난다. 영화에 등장하는 레코드판은 오래되고 낡은 아날로그적 감성을 일깨운다. 판을 걸 때마다 손이 가야하는 번거로움을 주고, 잘못 하다가는 튈 위험까지 감수해야 하는 것이지만 여기서는 긍정적인 가치로 제시되고 있다. 초반에서부터 두 주인공이 채팅을 시작하는 계기가 되어주고, 마지막에도 함께 음악을 듣기 위해 레코드판을 들고 나오는 여주인공을 볼 수 있다. 즉 불편하지만 사람의 손길과 온기를 간직한 레코드판은 사랑의 매개체로 역할을 하고 있다.

그리고 '고독'에서 '소통'으로의 전환을 구체화시킨 장면이 있다. 그것은 지하철에서 만난 말을 더듬는 청년을 통해 드러난다. 수현과 동현은 지하철의 같은 칸에 마주보고 앉아있지만 서로를 알아보지 못한다. 이때 어렸을 때부터 말을 더듬어 남들 앞에 나서지 못했던 한 청년이 나와서, 사랑하는 사람이 생긴 걸 계기로 자신의 대인공포증을 고쳐보려고 한다며 말문을 연다. 이를 유심히 바라보는 수현과 동현. 이 말 더듬이 청년의 에피소드는 두 사람이 서로에게 마음을 열고 진정한 소통을 이루어갈 것임을 미리 암시한다.

4. 〈엽기적인 그녀〉 (2001)

1) 캐릭터 중심의 기획

〈엽기적인 그녀〉는 제목에서도 알 수 있듯이 새로운 캐릭터의 창조를 주요 전략으로 내세우고 있는 작품이다. 플롯이 두드러지기 보다는 명백히 캐릭터 중심의 시나리오로 영화를 이끌어나가고 있다. 이전까지 멜로 영화의 여성 캐릭터에 대한 선입견을 완전히 불식시키고 2000년대 새로운 여성상을 투영시키고 있는 '그녀'의 캐릭터와 이를 지지해주는 남자 캐릭터 견우에 대해 분석해보자. 영화 속에서 추출해낸 '징후(indices)'들은 단순한 정보의 나열이 아니라, 바로 캐릭터의 성격을 나타내주는 단위들이다. 영화의 전편을 거쳐 계열체적으로 반복해서 징후들을 배열함으로써 효과적으로 캐릭터를 구축하는 데 많은 부분을 할애하고 있다.

징후(indices) ; 바르트는 이야기의 구조적 단위를 통합체적인 제재인 '기능(functions)'과 계열체적인 제재로 '징후(indices)'로 구분 지었다. 기능은 '행위(doing)'에 관한 것이라면, 징후는 '인물(being)'에 관한 것이다. 즉 인물들에 관련된 성격적 징후들, 그 인물들의 신분에 관한 정보, 분위기를 나타내는 것 등이 여기에 속한다. '기능'에 있어서도 주요한 '핵'과 부수적이고 보충적인 기능을 하는 '위성' 개념을 나눌 수 있듯이, '징후' 또한 순수한 '징후(indices)'와 '정보(informants)'로 나누어진다. 순수한 징후의 단위들은 어떤 감정이나 분위기, 철학을 함축적으로 드러내는 것이다. 여기에 비해 정보란 단지 특정한 시간과 공간 속에 인물을 위치시키는 역할을 할 뿐 아무런 함축적 기의를 가지지 않는다. 즉 허구를 현실 속에 뿌리박게 하는 데 도움을 주는 것이 정보 단위들인 것이다.

〈표 2〉 영화〈엽기적인 그녀〉에 나타난 징후(indices)

	그 녀 (여)	견 우 (남)
프롤로그		- 부모님이 딸처럼 키움 - 7세 까지 자신을 여자로 인식
전반전	- 술에 취해 지하철에서 구토, 기절 - 정의감이 뛰어남* - 술에 취하지 않은 그녀는 견우의 이상형 - 견우(1살 연상)에게 반말 사용	- 술 깨는 약 먹여주고 돌봐 줌 - 군대 면제(공익 근무 요원) - 이상형은 순정 만화 주인공 - 캐릭터 런닝셔츠 - 엄마한테 청소기 봉으로 맞음 - 아버지 공처가 - 속마음과 달리 높임말 유지

	그 녀 (여)	견 우 (남)
	- 명령형의 말투 - "깡다구" 강함 - 술잔을 받아 마심 - 글씨를 못 알아볼 정도로 악필 - 액션 영화를 좋아함 - 황순원의 '소나기' 슬프지 않다고 생각 - 물에 빠진 견우를 구함(수영 잘함) - 견우를 구타 - 탈영병을 설득	- 순종적 말투 - "쪼잔"함 - 술을 따라주는 역할 - 멜로 영화를 좋아함 - 황순원의 '소나기' 읽고 일주일 잠 못잠. - 물에 빠짐(수영 못함) - 그녀에게 구타 당함 - 엄마한테 방망이로 얻어맞음 - 인터넷 사용 "아빠"에게 감시당함 - 로맨틱한 이벤트(놀이공원)를 계획 - 혼자 빠져나가려 함(탈영병 에피소드)
후반전	- 무협 영화를 좋아함 - 심부름 시키기 - 게임 벌칙 '뺨때리기'로 정함 - 자신을 예수에 비유함 - 스쿼시를 잘함 - 검도를 잘함 - 엄마에게 항변하고 집을 뛰쳐나감 - 견우를 찾아(지하철역) 감정 고백 - 2년 후에 다시 만나기를 제안	- 심부름 해주기 - 게임 벌칙 '뽀뽀해주기' 제안(지하철) - 베드로에 비유됨 - 스쿼시를 못함 - 검도를 못함 - 엄마한테 몽둥이로 맞음 - 자신의 감정을 숨김. 그녀의 부름에 응답(지하철역) - 제안에 동의
연장전	- 2년 후의 약속을 지키지 않음 - 견우에게 직접 연락 시도	- 그녀에게 잘 보이려 변신 시도(스쿼시, 수영, 검도를 배움) - 2년 후의 약속을 지킴 그녀를 계속 기다림 - 고모가 뺨을 부벼대고 뽀뽀함

위의 도표에서 나타나듯이 시나리오는 두 주인공의 캐릭터를 강조하는 구성을 보이고 있다. 여기서 맨 위 칸을 가린다면, 자연스럽게 왼편이 남자, 오른편이 여자 인물에 관한 설명인 것으로 받아들여질 것이다. 그만큼 일반적으로 우리가 '여성스럽다', '남성스럽다'라고 말하는 관점을 완전히 거꾸로 돌려놓고 있다. 그녀는 관계를 주도적으로 이끌어나가는 인물로 정의감이 뛰어나며(지하철에서 노인에게 자리 양보 강요, 원조교제하는 아저씨들 · 유원지에서 담배꽁초 버리는 남자 · 저속한 언어를 쓰는 탈영병에게 호통, 지하철 바닥에 낙서하는 아이에게 야단치기), 능동적이고, 활동적이지만 폭력적이고 자기중심적이다. 견우는 감성적이며, 남을 배려하는 마음이 많지만, 수동적이고, 의존적이다. 이처럼 전도된 남성과 여성이라는 이미지는 대학 캠퍼스에서 그녀의 "뾰족구두"와 견우의 운동화를 서로 바꿔신고 다니는 장면에서 가장 상징적으로 제시된다. 그리고 대부분의 멜로 영화에서의 중심인물인 여성이 아니라, 견우가 나레이션을 통해 남성적인 입장에서 사랑이야기를 서술하고 있다는 점도 주목해 볼 부분이다.

영화의 타이틀로 부각되고 있는 '엽기적인 그녀'의 엽기성은 어디서 오는 것일까. 그녀는 견우의 이상형인 순정 만화의 여주인공처럼 예쁜 얼굴을 가졌지만, 겉모습과 다른 '기행奇行'들로 이목을 집중시킨다. 고전적 멜로 장르에서 여성 캐릭터는 이분법적으로 나누어진다. 착하고 얼굴도 예쁜 여자이거나 얼굴도 못 생기고 심성도 못된 여자 둘 중 하나이다. 콩쥐와 팥쥐, 신데렐라와 의붓언니에서부터 내려오던 오래된 관습이다. 이 영화에서 그녀의 엽기성은 바로 현상과 존재의 불일치, 즉 예쁜 여자가 '착한'이라고 대표되는 여성적인 가치를 지니지 못한 균열에서 발생된다. 만약 그녀의 얼굴이 못 생겼다면 새로운 캐릭터의 창조는 이루어지지 않았을 뿐더러, 동일한 구조의 이야기도 만들어지지 않았을 것이다.

오늘날 이야기되고 있는 한류의 시작은 1992년 〈사랑이 뭐길래〉라는 드라마의 아시아권 수출로 볼 수 있다. 이 작품은 국내에서도 평균 시청률 64.9%를 기록하며 역대 드라마 가운데 2위를 차지하고 있다. 각기 다른 가치관을 가진 가정에서 자라난 두 남녀가 만나서 겪게되는 에피소드가 드라마의 중심 내용이다. 보수적인 가정에 시집 온 며느리가 좌충우돌하며 결국에는 가부장적 사고방식에 작은 혁명을 이루어간다. 완고한 가장이 몰래 쌀을 씻어주다가 아내에게 들켜, 선 채로 바가지를 엎어버리는 해프닝은 오래 기억되고 있는 장면이다. 그에 이어서 흥행 돌풍을 일으키며 한류의 불을 지피는데 크게 기여했던 것이 〈엽기적인 그녀〉이다. 이 작품 역시 기존의 유교 질서로부터 탈피하여 여성들의 새로운 사회적 욕구를 드러내는 것으로 평가 받고 있다.

2) 드라마의 통일성

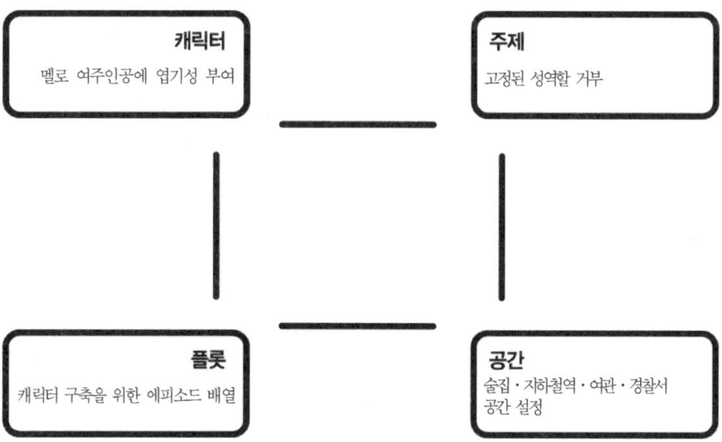

[그림 13] 영화 〈엽기적인 그녀〉 드라마의 통일성

주제

〈엽기적인 그녀〉는 '엽기성'이라는 새로운 코드를 활용해 주제 면에서 어떠한 가치 체계를 구축하고 있는가에 대해 분석해보자.

첫째, 외면적으로 보이는 것에 대한 가치의 평가절하이다. 캐릭터 분석에서 언급했지만 그녀가 예쁜 여자가 아니었다면 이야기는 전혀 드라마틱하지 않았을 것이다. 드라마의 관습에서 못 생긴 여자가 '재수없이' 행동하는 것은 너무나 당연하기 때문이다. 외모의 미추가 선악을 결정짓는 조건이라는 것은 그동안 무의식적으로 강요되어온 논리였다. 이 영화는 겉으로 보기에 순정 만화 여주인공 같은 그녀의 엽기적인 행동을 통해, 외모 중심적으로 여성을 판단하는 남성들의 심리를 꼬집는다. 택시 기사가 길거리의 예쁜 여자를 쳐다보다가 '똥물'을 뒤집어쓰는 시퀀스는 이를 단적으로 보여준다.

둘째, 외면과 내면의 불일치를 통해서 궁극적으로 추구하는 가치는 바로 고정된 남녀 성역할의 와해이다. 이른바 남자는 남자다워야, 여자는 여자다워야 한다는 이데올로기에서 남자다움과 여자다움은 사실상 사회적 편견에 지나지 않는다는 것을 보여주고 있다. 비-여성적인 여성과 비-남성적인 남성을 주인공으로 내세워, 이러한 이분법적인 논리의 구속에서 해방되고자 하는 의도를 드러내고 있다고 할 수 있다.

캐릭터 분석에서 언급했던 '착한'이라는 가치는 어디까지나 여성이라

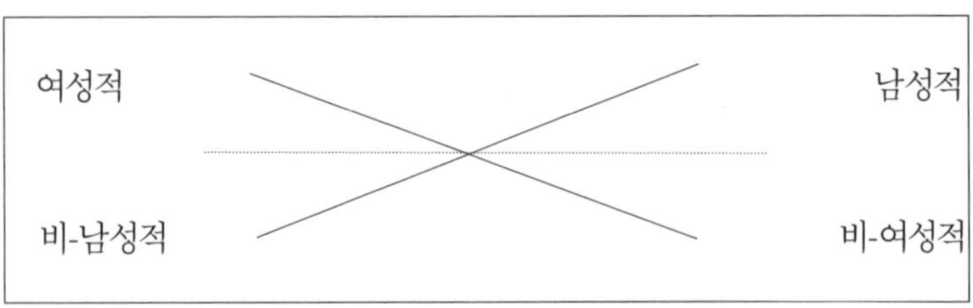

[그림 14] 영화 〈엽기적인 그녀〉의 기저 의미

는 조건을 전제로 하고 있다. 즉 그녀의 '비-여성적'인 성격이 '착한'을 위반하고 있는 것이다. 그녀가 행하는 엽기적인 행동, 즉 술에 취해 추태를 보인다거나, 명령식의 어법, 폭력성 등은 남성이라는 조건에서는 크게 문제시되지 않을 것이다. 그녀가 예쁜 여자이기 때문에 엽기적인 것이다. 이러한 설정은 여성에게 강요된 이미지를 탈피하려는 시도인 동시에, 아이러니를 통해 기존의 남성 중심적 사회가 행사하는 폭력을 패러디하고 있는 것이다. 마찬가지로 거울처럼 여성에게 강요된 이미지가 의도적으로 투영된 견우를 통해 여성스러움이라는 이데올로기의 허구를 보여주고 있다.

영화에서는 두 주인공의 사랑에 대해 순수성과 운명성이라는 절대적 가치를 부여하고 있다. '예쁜 여자 - 착한 여자'의 이데올로기는 그러한 유형의 여자 캐릭터가 스토리에서 추구하는 사랑에 성공하는 것을 토대로 구축되어 왔다. 같은 맥락에서 이 영화는 비-여성적인 여성과 비-남성적인 남성의 새로운 결합을 통해 고정된 성역할에서 벗어난 인물들에 대한 긍정적 가치를 실현시키고 있다.

플롯

이 영화는 '전반전', '후반전', '연장전' 이라는 축구 경기의 형식을 소제목으로 달아 신선함을 주고 있지만, 특별히 개성적인 서사 구조를 지니는 것은 아니다. 오히려 개성적인 캐릭터를 부각시키는 대신 플롯은 대중들에게 익숙한 민담의 구조를 그대로 재현하고 있다고 할 수 있다. 그레마스의 서사 도식에서는 세 가지 시련이 필요하다. 연장전이란 본 게임을 통해서 확실히 성패가 판가름나지 않았기 때문에 필요한 것으로, 서사를 완성시키는 시련의 마지막 단계, '영광시련'을 환기시킨다.

여기서 골(goal)은 그녀일 것이고, 견우를 가로막는 상대편은 바로 그

〈표 3〉 영화 〈엽기적인 그녀〉의 서사 도식

	견우의 사랑	그녀의 옛 남자 잊기
전반전 - 자격시련	- 사랑하는 사람을 잃은 그녀 (부재) - 함께 여관에 감(금지의 위반) - 견우의 핸드폰 번호 알아냄 (정보 획득) - 그녀를 꽃뱀으로 착각(사기) - 함께 술을 마심(본의 아닌 공모) - 다시 여관에 감(손해) - 그녀의 아픔을 치료해주고 싶다고 생각(주인공의 결단) - 유원지 에피소드(시련의 지정/수락) - 놀이동산 에피소드(시련의 지정/수락) - 탈영병을 만남(원조자를 받아들임)	- 그녀 : 사랑하는 사람과 헤어졌어 - 견우 : 이 여자의 아픔을 치료해주고 싶다 - 그녀 : 극복할 수 없나 봐 - 그녀 : 사랑이 뭔지 알려면 우리 모두 더 살아봐야해요
후반전 - 근본시련	- 옛 남자와 가던 까페에서 만남 (장소의 이동) - 지하철 금 밟기 게임 에피소드 (시련의 지정/수락) - 캠퍼스에서 신발 바꿔신기 에피소드 (시련의 지정/수락) - 100일날 교복입고 장미꽃 전달 에피소드(시련의 지정/수락) - 까페에서 견우에게로 마음을 돌린 그녀(승리) - 지하철 역에서 견우를 찾음(표지)	- 견우 : 그녀의 마음속에는 슬픔이 가득하다는 걸... - 견우 : 아픔이 치유된 걸까요? 더 이상 그녀 곁에 없어도 된다는 뜻일지도 - 그녀의 목걸이(옛남자)를 빼는 견우 - 그녀 : 미안해 어쩔 수가 없나 봐.
연장전 - 영광시련	- 2년 후에 만나자는 제안(임무의 부과) - 2년 동안 그녀를 기다린 견우 (성공) - 그녀와 다시 만나게 됨(주인공의 현시)	- 그녀 : 네가 없는 동안 혼자 잊어보고 싶어 - 그녀 : 아무 것도 결정하지 못했어요 - 호수에 목걸이를 던져버리는 그녀 - 그녀 : 잊으려구요.

녀의 옛 남자친구(사촌형)이다. 그러나 이미 죽은 사람과 싸울 수는 없기 때문에, 실질적인 대립자는 그를 잊지 못하는 그녀의 마음일 것이다. 즉 그녀가 원조자이자 대립자인 것이다. 애초에 견우는 그녀의 아픔을 치료해주고 싶다는 생각에서 그녀를 만났다. 하지만 결국 그녀가 마음속의 옛 남자를 잊는 과정은 견우가 그녀와 사랑을 이루어가는 과정과 겹쳐진다.

서사 구조에서 특징적인 점은 그녀의 '엽기적인' 캐릭터를 부각시키기 위한 에피소드들이 '시련의 지정'과 '시련의 수락'이라는 형태를 띠며 계속 반복되고 있다는 점이다. 즉 캐릭터 분석에서 순수 징후로 추출한 단위들이 '위성'의 기능으로 주어졌다면, 여기서의 순수 징후는 동시에 주기능으로 역할하는 것들이다. 메인 플롯의 진행을 위해 영화 전체 분량의 반 정도가 이러한 에피소드로 구성되어 있다. 그녀의 슬픈 마음을 잊게 해주기 위해 여러 가지 에피소드에서 부과되는 시련들을 겪어가는 견우의 행동이 코믹성을 만들어내고 있는 것이다.

5. 〈시월애〉 (2000)

1) 공간 중심의 기획

이 영화는 한 편의 로맨스이자 판타지 장르이다. 1998년과 2000년을 살아가는 두 남녀가 서로 소통하는 이야기로, 주인공의 아버지는 사랑을 선물하기 위해 각기 다른 시간대를 이어주는 신비로운 우편함을 만들어놓았다. 이를 통해 일 마레는 일종의 가상 공간으로 자리잡게 되었다. 새로운 밀레니엄의 시작과 함께 개봉된 〈시월애〉는 현대인의 고독과 소통이라는 주제를 담아낼 새로운 공간을 판타지 공간에서 찾고자 하는 전략을 구사하고 있다고 하겠다.

이 영화 속에서는 이야기의 여러 가지 요소 가운데 '공간'이 핵심적인 모티프로 작용하고 있는 것을 볼 수 있다. 우선 두 남녀 주인공의 만남이 동일한 '집'에 살게 된 것을 계기로 이루어지고 있기 때문이다. 그 집에 살게 되는 것은 익숙한 일상의 공간을 벗어나 근본시련이 이루어지는 '주공간(espace topique)'으로의 진입이다. 첫 주인 성현은 집이 마음에 들어 '일 마레'라는 이름이 부여하는데, 일 마레는 단순한 공간이라기보다 인물들이 시간을 뛰어넘어 만나고 소통하도록 만들어주는 생명체와 같은 역할을 한다. 여기에 대비되는 공간이 은주가 일 마레를 떠나 이사가게 되는 원룸 건물이다. 극의 초반에 등장하는, 이웃집 여자에게 인사를 건넸다가 외면을 당하는 장면에서 일 마레와는 대립되는 '죽은' 공간으로 의미 부여되는 것을 알 수 있다.

남자 주인공 성현은 건축 설계를 전공한 사람으로 설정되어있다. 그의 아버지 역시 건축과 교수인데, 어린 시절 아들을 남겨두고 떠났던 이유로 성현과 소원한 관계로 지내게 되었다. 그러나 아버지를 원망하는 마음으로 건축 설계를 그만두고 현장 근로자로 일하고 있는 성현은 뒤늦게 일 마레를 지은 사람이 바로 아버지였다는 사실을 알게 된다. 이 집은 아버지가 "사랑하는 아들"을 위해 지은 "아들의 집"이었다. 그는 갑작스런 아버지의 죽음과 함께 이 사실을 알게 되고, 낯설게만 다가오는 아버지의 사랑을 마침내 받아들이며 아버지와 화해한다. '집'이라는 소재를 통해 아버지의 사랑이 구축되고, 이를 통해 아들은 아버지의 사랑을 이해하게 되는 것이다.

성현은 이러한 과정에 동참했던 여자 주인공 은주를 사랑하게 된다. 그는 은주를 위해서 역시 직접 설계한 집을 짓는데, 그 집의 이름이 바로 '시월애(時越愛)', 시간을 뛰어넘는 사랑이다. 은주 또한 성현이 자신을 위해 시월애를 지었다는 사실을 통해 그의 사랑을 깨닫고, 이를 받아들이게 된다. 제목의 설정으로도 알 수 있듯이, 이 영화에서 '집'이라는 보편적 공간은 사랑과 화해라는 의미를 띠며 중요한 모티프로 전면에 내세워져 있다.

두 주인공이 살았던 집의 이름 '일 마레(Il Mare)'는 이태리어로 '바다'라는 뜻이다. 영화의 오프닝은 바로 바다의 묘사로 이루어지며, 물 위에서 있는 일 마레가 멀리 보이는 것이다. 여기서 집이 바닷가에 위치하고 있다는 특색은 중요한 의미 작용을 한다. 미국에서 2006년 리메이크된 이 영화의 제목 또한 '레이크 하우스 (The Lake House)'인데, 바다에서 호수로 바뀌었을 뿐 '물'이라는 자연 공간의 소재는 그대로 활용되고 있다. 여기서 물이 지니는 의미는 무엇일까. 주인공의 아버지가 일 마레를 설계한 의도에서 추측해볼 수 있을 것이다. 아버지는 유작집에서 "고독과의 친밀함 속에서만 인간은 스스로를 발견한다"고 말하였다. 그래서 "도시적 외경을 바다라는 자연 환경 속에서 구현해내는" 집을 짓고자 한 것이다. 즉 "일 마레는 때로 사람을 너무 외롭게 만드는데", 나르시스 신화를 환기시키는 '투명한' 물이 주인공에게 고독을 부여한 것이라 볼 수 있다. 그리고 일 마레에서 지내온 두 주인공들은 그 외로움으로 인해 서로 마음을 열어가게 되고 마침내 사랑을 깨달아가는 것이다. 다시 말해 이 영화 속에서 물이라는 공간적 모티프는 죽음과 재생이라는 모순을 한꺼번에 안고 있는 신화적 의미로서 제시된다.

성현이 처음 '일 마레'라는 이름을 짓자, 마을의 슈퍼 주인이 "바다를 알어?"라고 묻는다. 성현은 여기에 대해 "살면서 배우려고" 한다고 대답한다. 하나의 자연 공간은 단순한 배경으로서의 역할만 하는 것이 아니라 주제와 관련되는 일정한 가치를 지니는 요소이다. 덧붙여 은주의 고향이 제주도라는 설정에도 동일하게 물의 공간 소재가 반영되고 있음을 지적해볼 수 있다. 성현은 일 마레와 마찬가지로 그녀가 평생동안 집을 짓고 살고 싶다는 바다가에 시월애를 짓는다.

2) 드라마의 통일성

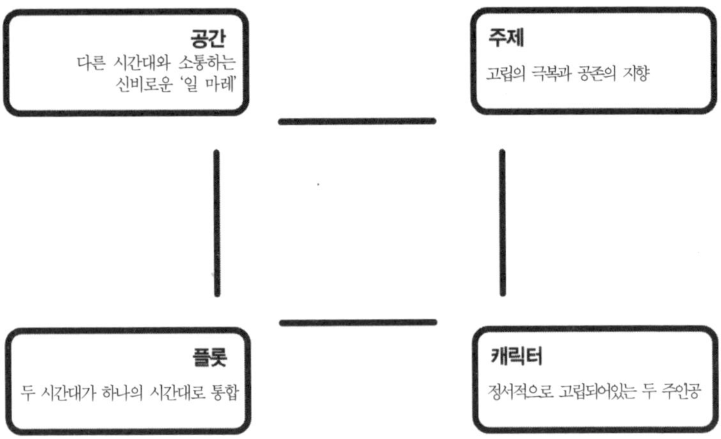

〈그림15〉 영화 〈시월애〉 드라마의 통일성

주제

이 영화에서는 집이라는 공간이 매우 중요한 의미 요소로 작용하고 있음을 분석해보았다. 여기서 집이란 단순히 외부의 자연 환경으로부터 인간을 보호하는 물질적 공간으로 나타나지 않는다. 주인공 성현은 건축 디자인과에서 한 학기만을 남겨둔 채 학교를 그만둔다. 그는 "가족도 모르는 자"들이 집을 설계하는 것은 한심한 짓이라고 말한다. 가족들의 정을 충분히 느끼지 못하고 이모의 손에 자란 자신의 처지로 인해 그는 집을 짓는 것을 거부하는 것이다. 여기서 집이란 가족들의 사랑이라는 내적 가치로 충만한 공간이다. 이러한 가치로부터 단절되어있던 성현은 일 마레가 아버지의 사랑이 담긴 공간이라는 사실을 깨달음으로써 마음을 열게 된다. 그리고 이 과정은 아버지가 만들어놓은 마법의 우편함을 통해 은주와 시간을 뛰어넘어 편지를 주고받는 것과 합치된다.

은주 : 쓸쓸히 홀로 서 있는 것처럼 보이던 일 마레가 그토록 따뜻하게 느껴졌던 건 그 사랑이 담긴 곳이었기 때문이었어요.

성현은 새 집에서의 가장 큰 행운은 은주를 알게 된 것이라 여기며, 마침내 "사랑하는 사람(그녀)을 위해" 다시 집을 설계하게 된다. 그 집을 매개로 해서 편지로만 소통하던 두 주인공은 현실에서 직접 만나게 되는 결말을 맞는 것이다. 어릴 때 떠나버린 아버지로 인해 "내가 보고 싶은 사람은 볼 수 없는 곳에" 있다고 생각해오던 성현은 은주와의 관계에서도 마찬가지의 고립을 경험한다. 은주 역시 "보고 싶은 사람"은 "멀리 있다"고 말하며, 시간을 사이에 두고 성현과 만날 수 없는 현실을 안타까워하였다. 그렇게 각자의 공간에 고립되어 있던 인물들이 편지 왕래를 통해 비-고립의 상태를 겪으며, 마침내 공존의 차원으로 들어선 것이라 볼 수 있다. 즉 '집'이란 혼자만이 아니라, 공존을 통해 사랑이 담길 때 진정한 가치를 지니는 공간이라는 것이다.

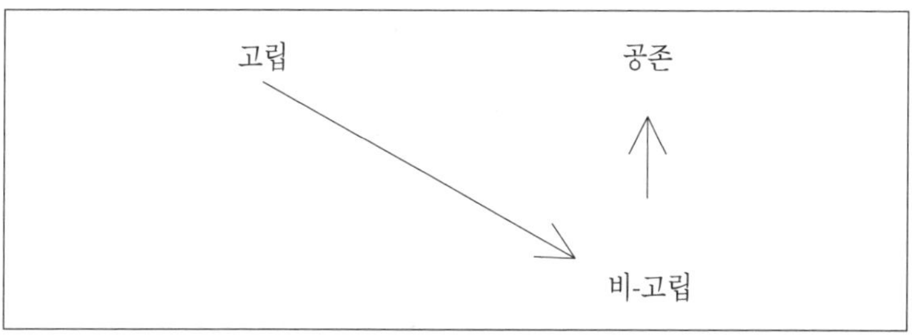

[그림 16] 영화 〈시월애〉의 기저 의미

이와 같은 변화는 감추어져 있던 것들의 드러남에 의해서 이루어진다. 영화는 은주의 입을 통해 사람이 감출 수 없는 세 가지, 기침과 가난과 사랑을 이야기하며, 사랑은 언젠가 드러난다는 메시지를 전하고 있다. 오랫동안 감추어져있던 아버지의 사랑이 드러나면서 성현의 삶에 큰 변화가 일어나는 것이다. 성현과 은주의 사랑도 결국에는 시간을 뛰어넘어 드러나게 된다. 일 마레가 위치한 서해 바다가 밀물에 잠겨있다가 썰물이 되어 바닥이 드러나는 장면이 삽입되는 것도 같은 의미 맥락이다. 따라서 스토리의 전체 주제는 마법을 일으키는 우편함이 상징하듯 소통의 중요성을 강조하고 있다. 사람과 사람 사이의 소통을 통해 사랑을 일깨울 수 있으며, 화해와 공존을 이루어가는 것이다.

플롯

이 영화의 플롯에서 가장 중요한 부분은 시간적으로 연결되어야 할 시퀀스들이 공간화되고 있다는 점이다. 첫 씬은 1999년 12월 21일 은주가 일 마레를 떠나는 날이다. 그런데 다음 주인에게 남겨놓은 카드가 1997년, 은주에 앞서 일 마레로 이사온 성현에게 전해지는 것이다. 이후 두 사람은 우편함을 매개로 해서 편지를 주고받으며 대화한다. 시간의 순서라는 질서가 무시되고, 두 사람은 동시간대에 다른 공간에 위치한 것처럼 취급되는 것이다. 즉 통합체적 구조가 아닌 계열체적인 구조를 형성하며 두 시간대의 스토리가 동시에 진행된다.

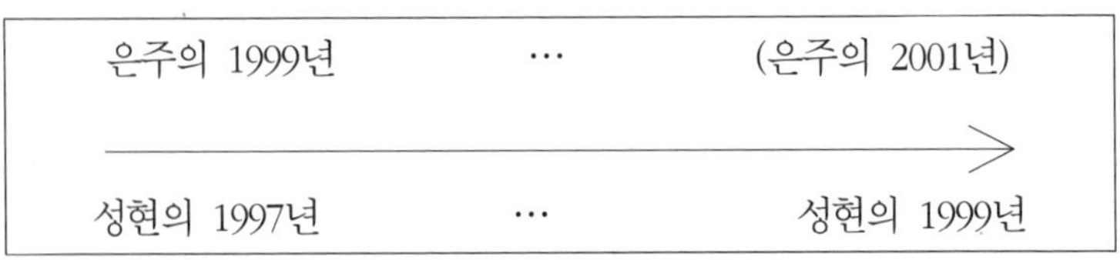

[그림 17] 영화 〈시월애〉의 서사 구조

스토리의 전체 구조는 은주의 1999년 12월 21일에 시작해서 성현의 1999년 12월 21일로 끝이 나는 형식이다. 은주의 1999년은 성현의 1997년과 동시에 존재하며 두 사람은 시간의 차이로 단절되어 있었다. 이에 반해 스토리의 결말에 이르면, 성현은 자신의 1999년 12월 21일에 일마레를 떠나는 은주를 찾아가서 만나게 된다. 즉 두 사람의 시간이 최초의 시작 지점에서 다시 통합되는 것이다. 시작과 끝의 시간이 동일하므로 이야기는 전혀 진행되지 않고 정지되어있는 것처럼 보이지만, 이는 뫼비우스의 띠처럼 뒤틀린 시간의 고리 때문이다. 그 사이에는 2년이라는 시간이 존재했으며, 중요한 점은 두 사람이 '고립'에서 '공존'이라는 상태의 변화를 겪는다는 점이다.

이러한 변화의 과정은 크게 세 가지의 단계로 나누어진다. 첫 번째는 두 주인공이 각각 1999년과 1997년에 존재하면서 우편함을 통해 편지를 주고받을 수 있다는 사실을 인지하고 확신하는 단계이다. 장난 편지인 줄로만 알았던 성현은 강아지 발자국을 통해 처음으로 의심을 가지게 되고, 98년 1월 19일 눈이 많이 내렸으며 독감이 유행했었다는 은주의 말에 놀라지만 차라리 "예언자"라고 믿는다. 그러나 은주의 주소를 보고 찾아간 곳에서는 아직 원룸 건물이 공사 중에 있는 것을 본다. 결국 그들은 "사람처럼 자는 강아지" 콜라가 두 사람 모두와 함께 있다는 사실을 통해 다른 시간에 존재한다는 것을 인정하게 된다. 같은 시간에 있다면 강아지는 한 곳에만 있어야 할 것이기 때문이다. 따라서 분명히 어디선가 시간이 뒤틀린 것이라 깨닫게 된다. 은주는 반신반의하며 우편함에 헤어밴드를 넣고 성현은 그것을 받게 된다. 둘은 드디어 시간을 뛰어넘어 소통할 수 있다는 사실을 신기하고도 기쁘게 받아들인다.

이에 따라 두 번째 단계는 은주와 성현이 우편함을 통해 서로의 이야기를 공유하는 내용으로 구성된다. 첫 단계에서는 서로 편지를 주고받으며 다른 시간대에 살고 있다는 차이점이 부각되었다면, 이번에는 그럼에도 불구하고 동시에 존재한다는 공통점에 기반을 둔 스토리가 전개된다. 예를 들어 기분이 울적하면 요리를 한다거나 잊고 싶은 기억이 있다면 빨래를 한다거나 하는 이야기들을 공유하는 것이다. 고립되어 있는 공간에서 각자 요리를 하고, 빨래를 하지만 두 사람은 감정적으로 연대감을 느끼게 된다. 특히 놀이공원 에피소드와 보문리 가로수길 에피소드는 동시에 같은 장소에서 진행되는 장면이다. 그러나 시간대의 차이로 이들은 만나지 못한다. 두 번째 단계에서 98년을 살고있는 성현이 과거의 은주를 만나는 장면도 몇 차례 제시되지만, 역시 은주는 그를 알아보지 못한다. 점차 이러한 안타까움을 키워가던 이들은 2000년 3월 11일에 현실에서 만나기로 약속한다. 은주에게는 일주일 후, 성현에게는 2년 일주일 후의 시간이다. 그러나 결과는 성현이 약속 장소에 나오지 않은 것으로 처리되며, 두 번째 단계가 종결된다.

마지막 단계에서는 이들의 만남이 이루어지지 못한 이유에 대한 궁금증이 밝혀져가면서, 결국 만남에 이르는 과정이 전개된다. 세 번째 단계의 시작은 은주의 옛 애인 지훈이 미국에서 돌아오면서부터 진행된다. 지훈을 잊지 못하고 그의 약혼에 괴로워하던 은주는 성현에게 "그 사람이 떠나지 않게 도와"달라고 부탁한다. 즉 과거 지훈과의 마지막 만남의 장소로 자신을 찾아가 헤어지는 것을 말려달라는 것이다. 그러나 은주는 성현의 학과 사무실에 찾아갔다가 그가 자신을 위해 시월애를 지었으며, 이미 교통사고로 죽었다는 사실을 알게 된다. 은주는 지훈과의 마지막 만남을 회상하며, 커피숍에서 지켜보았던 젊은 남자의 교통사고 장면을 기억해낸다. 성현은 자신을 도우러갔다가 사고로 죽은 것이다. 은주는 급히 우편함으로 가서 약속 장소로 나가지 말라는 메시지를 전하고, 성현은 그 메시지를 받게 된다. 그리고 1999년 12월 21일이 되어 은주가 이사를 하고 있는 일 마레로 찾아가 마침내 그녀와 같은 공간에 마주하게 된다.

3

드라마 기획과 스토리텔링

스토리텔링으로 보는 콘텐츠 기획

3

드라마 기획과 스토리텔링

1. 2000년대 전문직 드라마의 트렌드

2000년대 중반에 들어서면서 국내 텔레비전 드라마 시장은 제작 방식과 산업적 환경의 변화로 수익성이 악화되어 위기를 맞았다. 콘텐츠 내적인 면에 있어서도 그 동안 주류를 이루었던 트렌디 드라마의 쇠퇴가 눈에 띄게 드러났으며, 이로 인해 드라마 시청자의 연령층이 높아지는 현상이 나타났다. 게다가 미국 드라마에 대한 열광적인 호응이 겹쳐지면서 한국 드라마에 있어서도 새로운 변화를 모색해야한다는 각성이 일어나게 된 것이다. 이러한 여러 가지 배경을 가지고 제작되기 시작한 것이 최근 크게 홍행하고 있는 '전문직 드라마'이다. 전문직 드라마는 직업 자체가 사회적인 관습에 비추어 전문직이냐 아니냐가 중요한 것이 아니라, 대중들에게 드러나지 않았던 각종 직업의 세계를 심도있게 묘사하는 것을 특징으로 한다.

이처럼 소재적인 특성에 의해 하나의 장르처럼 이름 붙여진 '전문직 드라마' 또한 본질적으로는 멜로드라마의 한 형태로 간주할 수 있다. 한국 텔레비전 드라마에서 멜로드라마는 특권적인 위치를 차지한다.[58] '미드'라 불리는 최신 미국 드라마에 직접적인 영향을 받으며 형성된 전문직 드라마는 미드가 강조하는 리얼리티를 모방하고 있지만, 멜로드라마의 요소와 결합한다는 한국적인 특성을 고스란히 드러내고 있다. '영웅적 플롯'이 전면에 내세워지는 것 같지만, 대부분의 스토리는 언제나 '로맨틱 플롯'과 교묘히 결합하고 있다. 따라서 국내 트렌디 드라마나 전문직 드라마는 모두 멜로드라마의 한 형식으로 고찰해 볼 수 있을 것이다.

트렌디 드라마[59]는 국내에서 1992년 MBC 드라마 〈질투〉를 기점으로 사용되기 시작한 용어로, 젊은이들의 일과 사랑을 주로 다루는 일련의 신세대풍 드라마를 가리킨다. 여기서는 주제보다는 표현의 스타일이나 연출의 감각적 터치가 보다 중요한 요소로 부각되어, 광고처럼 빠른 장면 전환, 절제된 대사, 신선한 화면처리 등이 두드러진다.[60] 대부분의 트렌디 드라마 내용은 '신데렐라'나 '콩쥐팥쥐'와 같은 매우 단순한 멜로드라마적 플롯을 기초로 하여 구성된다.[61] 따라서 10여 년 동안 반복되어온 플롯의 관습에 시청자들은 식상해하게 되었고, 의미 없는 주제에 회의를 느끼게 되었다고 볼 수 있다.

이러한 환경에서 미드의 참신함은 대중을 자극하게 되었으며, 전문직 드라마 역시 트렌디 드라마와는 다른 새로운 형식을 시도하게 된 것이다. 물론 트렌디풍의 전문직 드라마 역시 존재했었지만, 그 경향은 현저히

58 대중서사장르연구회, 앞의 책, p.372.

59 90대 초 일본 후지TV가 드라마 〈도쿄 러브스토리〉를 방영한 이후 젊은이들의 감각과 분위기에 맞는 신세대풍의 드라마들이 방송됐고 새로운 경향의 이들 드라마를 일본 방송계에서는 트렌디 드라마라고 불렀다. (박성수(1997), 「〈질투〉는 왜 트렌디드라마의 시작인가」, 『방송비평』, p.4.)

60 위의 글.

61 황인성, 앞의 글, p.233.

차이가 있다. 트렌디 드라마가 서사 구조에 대한 관심보다는 연출적인 면에 치중하면서 환상성을 추구하였다면, 전문직 드라마는 오히려 다큐멘터리성을 강조하면서 서사 구조에서도 다양한 노력을 기울이고 있다. 즉 트렌디 드라마에서 부재했던 주제를 구축하고자 하며, 플롯에서도 이전에 형성된 관습에서 벗어나고자 시도하는 것이다.

우리는 전형적인 트렌디 드라마의 스토리로부터 각기 다른 차별성을 구사하고 있는 전문직 드라마 콘텐츠를 선정하여 그 전략을 분석해보도록 하겠다. 콘텐츠 선정에는 대중적인 흥행 면과 작품의 내적인 완성도를 고려하였다.[62] 우선 선악의 이분법적 가치관을 배제하면서 주제 중심의 기획 전략을 선보이는 〈개와 늑대의 시간〉을 분석해 본다. 다음으로 메타픽션적 성격을 통해 리얼리티를 부가하면서 플롯 중심의 전략을 강조

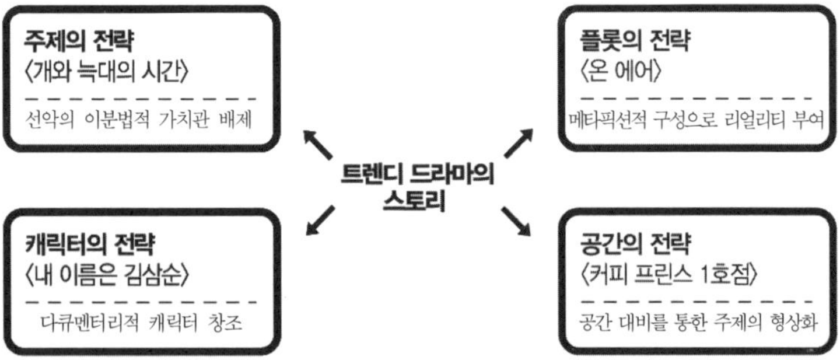

[그림 18] 2000년대 후반 전문직 드라마의 기획 전략

62 이들 드라마의 평균 시청률은 다음과 같다. 〈내 이름은 김삼순〉(37.7%), 〈개와 늑대의 시간〉(14.1%), 〈커피 프린스 1호점〉(22.5%), 〈온 에어〉(19.3%). 〈내 이름은 김삼순〉은 2005년에 가장 주목받는 드라마로서 이후의 한국 드라마에 큰 영향을 미친 드라마사적 의의를 지니는 드라마라 할 수 있다. 〈개와 늑대의 시간〉과 〈커피 프린스 1호점〉은 2007년 『드라마틱』이 선정한 '드라마 베스트(작품 내적 완성도는 물론 상업 드라마로서의 질적 수준과 드라마사적 의의를 포괄적으로 검토한 결과)' 2・3위를 차지하며 작품성과 흥행성을 동시에 이룬 드라마이다. 〈온 에어〉 역시 본격 전문직 드라마를 표방하며 높은 시청률과 함께 언론의 관심을 끌며 많은 비평의 대상이 되었던 드라마이다.

하고 있는 〈온 에어〉를 분석해본다. 그리고 전형적인 인물에서 탈피한 다큐멘터리적인 캐릭터의 전략이 전면에 내세워지는 〈내 이름은 김삼순〉을 분석해보겠다. 마지막으로 공간대비를 통한 주제의 형상화를 구현하면서 공간 중심의 전략을 드러내는 〈커피프린스 1호점〉을 분석할 것이다.

2. 〈개와 늑대의 시간〉 (2007)

1) 주제 중심의 기획

'개와 늑대의 시간(l'heure entre chien et loup)'이라는 제목은 프랑스의 관용어로, 해가 지는 저녁 무렵을 가리키는 말이다. 해질녘 모든 사물이 붉게 물들고, 언덕 너머로 다가오는 실루엣이 "내가 기르던 개인지 나를 해치러 오는 늑대인지 분간할 수 없는 시간"이다. 이 드라마 속에서는 '친구'인 개와 '적'인 늑대가 혼동되고 있는 상황이 그려지고 있다. 수현의 친구는 당연히 그가 소속해 있는 국가정보원(NIS)의 동료들이 될 것이고, 적은 그들이 쫓는 "청방"이라는 조직일 것이다.

그러나 이러한 대립은 예상처럼 분명하게 드러나지 않는다. '진리판단의 양상화'를 통해 보다 자세히 분석해보자. 마오는 청방의 중간 보스이지만 사실은 수현의 아버지와 "친형제보다 소중한 친구"이다. 이러한 진실은 드러나지 않은 채 결말까지 '비밀'로 간직된다. NIS 정 부장은 공식적으로 수현과 같은 편에 선 것처럼 위장되어 있지만, 이동조와 수현 모두를 이용하는 이기적인 인물로 모든 비극의 근원을 제공하므로 '기만'의 영역에 속해있다고 할 수 있다. 즉 '진실'과 '거짓'으로 양분될 수 없는 모호함의 영역이 여기에 존재하는 것이다.

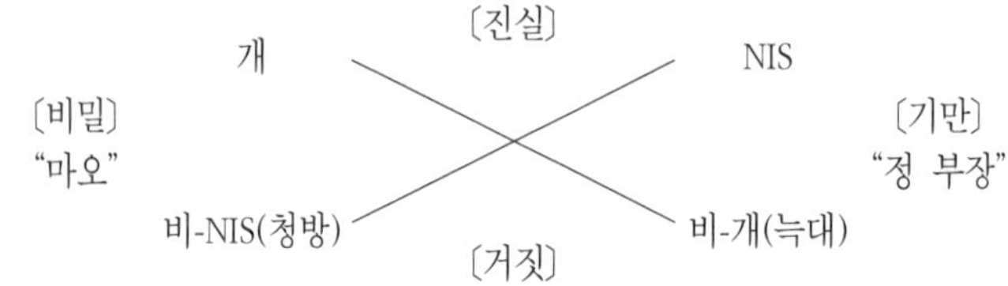

[그림 19] 캐릭터 정체성에 관한 '진리판단 양상화'

진리판단의 양상화(modalisation véridictoire) ; 주인공의 행위에 대한 진위여부를 진리 판단의 범주를 통해 가늠해보고자 하는 모델이다. 진리판단의 범주는 우선 내재적인 차원에 속하는 /존재/와 발현의 차원에 속하는 /현상/, 그리고 각 항의 모순항을 통해 얻어진다. 여기서 존재와 현상의 일치를 의미하는 '진실'의 영역과 그 외에 '비밀', '기만', '거짓'의 영역이 발생한다.

청방과 NIS 라는 조직을 따로 떼어놓고 보아도 마찬가지이다. 동일한 조직의 내부 역시 분열되어 있다. NIS에는 정보분석팀과 해외1팀 사이, 또는 정 부장 · 박 팀장 라인과 강 실장 · 오 팀장 라인 사이에 견제가 존재한다. 그래서 같은 조직 내에서도 "니 편, 내 편 파악 못하면 도태"된다는 이야기가 나온다. 청방 역시 배 상무 · 문 이사 세력과 케이 · 아화 사이에 알력이 있다. 그 가운데에서 샤오밍도 배 상무에게 자신이 "누구 편인지" 맞춰보라고 말한다. '같은 편' 이라는 하나의 정체성을 띠어야 할 조직에 서로 '기만'적인 세력들이 혼재하고 있는 것이다.

그리고 시간적으로도 이러한 '개'와 '늑대'의 관계는 변화의 양상을 띠고 있다. 스토리의 핵심 축인 수현과 마오의 관계는 고정되어 있다기보다 스토리 진행에 따라 계속 친구와 적을 오가게 된다. 마오와 서영길, 정 부장과 변동석의 관계도 한 때의 동료이자 친구에서 적으로 바뀐 경우이다. 청방과 거미파 역시 "파트너에서 적으로" 변하였다. 또 수현은 어쩔 수 없이 "증오하는 자들과 어울려야 하"며 형제(민기)에게 총을 겨누어야 하는 상황에 처한다.

이 드라마가 보여주는 것은 바로 정체성에 대한 회의이다. 이것은 '눈에 보이는 것이 과연 진실인가?'에 대한 의문에서 비롯된다. 가시적인 세계에서는 분명하게 드러나는 가치들도 그 이면에 다른 의미들을 띠고 있다. 수현이 간직하고 있던 아버지의 웃는 사진은 반쯤 찢어진 것이었는데, 결국 진실은 그 나머지 반쪽에 마오가 있었다는 것이다. 수현이라는 인물 자체도 '수현-케이'라는 양분된 이미지로 존재하는데, 정체성의 분열은 '깨진 거울'(3회, 7회, 16회)의 모티프로 나타난다. 나는 내가 알고 있는 '나'가 아니며, 내 안에는 '또 다른 나'가 숨겨있다는 것이다. 이와 같은 존재와 현상의 불일치가 다루는 가장 큰 이슈는 바로 선악의 문제이다.

스토리의 기저에는 개로 상징되는 '선'과 늑대로 상징되는 '악'의 모호한 뒤섞임의 양상이 자리잡고 있다고 하겠다. 이 드라마는 선악의 이분법으로는 파악되거나 설명될 수 없는 세계를 형상화시키고 있다. 마지막 회 엔딩 씬의 나레이션에서 이러한 의미를 확인시켜주고 있다. 노을진 하늘을 바라보는 수현은 개와 늑대의 시간을 이야기하며, "이때는 선도 악도 모두 붉을 뿐이다"라고 말한다.

다시 말해 주제 의식이 두 가치의 단순한 대립으로 규정되어지는 것이 아니라, 보다 세분화되고 복잡한 구조를 내면화하고 있는 것이다. 전통적인 텔레비전 드라마가 강조하는 권선징악의 주제를 표방하지 않고 새로

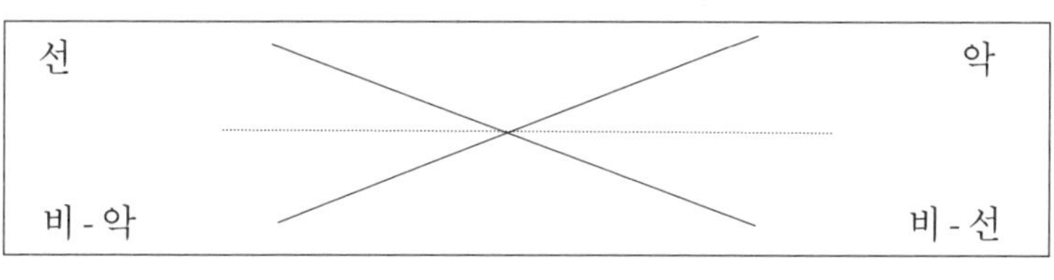

[그림 20] 드라마 〈개와 늑대의 시간〉의 기저 의미

운 시각의 가치 체계를 드러낼 수 있었던 것은 오늘날의 '정서 구조(structure of feeling)'를 바탕으로 하고 있다[63]. 최근에는 이분법적인 사고방식에서 벗어난 좀더 유연한 방식의 세계관이 텔레비전 드라마 콘텐츠를 통해서도 표현되고 있다. 트렌디 드라마가 자극하는 환상성에서 탈피해 현실성에 경도된 전문직 드라마의 경우 선악의 명확한 구분에 대한 회의를 더욱 분명하게 드러낸다. 〈개와 늑대의 시간〉에서는 이러한 주제의식이 인물 구도와 플롯 등으로 드러나는 과정에서 스릴러 장르의 이야기를 더욱 풍부하게 이끌어내어 극의 흥미를 만들어내고 있다.

선악에 근거한 세계관을 부정하는 대신 스토리에서 구축하고 있는 것은 '인연'에 관한 의미이다. 이 스토리의 심층에는 친구와 적은 선악의 기준으로 쉽게 판단될 수 있는 것이 아니라는 의미가 깔려 있으며, 그 근저에는 '인연'이라는 것이 놓여있다. 즉 세상에는 선한 사람과 악한 사람이 있는 따로 정해져있는 것이 아니라, 좋은 인연과 나쁜 인연이 존재할 뿐이다. 마오와 수현의 관계는 "악연"(4회, 16회), "평생 발목 잡힐 인연"(4회), "비틀린 운명"(5회), "엉킨 매듭"(12회), "질긴 악연"(15회)이라는 나쁜 인연과 좋은 의미에서의 "인연"(6회)으로 맺어진다.

드라마의 전체 스토리는 두 남자(마오-이동조)의 엇갈린 우정이 빚어낸 비극적인 복수로 요약할 수 있다. 이들의 인연이 시간을 흘러 다음 세대의

> 경화 : 수현아. 이 시계 보면... 시침은 천천히 움직이고 분침은 빨리 움직이지?
> 수현 : 응.
> 경화 : 그런데도 때가 되면 그 둘은 항상 만나게 돼. 신기하지? 인연이란 것도 그래. 헤어진 사람도 언젠가 만나게 돼 있는 거야.
>
> - 〈개와 늑대의 시간〉 제 1회

63 레이몬드 윌리엄스는 동시대적 문화의 보다 능동적이고 현재적인 양태를 표현하기 위해 '정서 구조'라는 개념을 제시했다. 각 세대는 다른 세대들과 구별되는 독특한 체험과 결합된 특수한 정서를 공유하고 있다.

운명을 좌우한 것이다. 변동석은 수현에게 "팔자가 억셌다"고 생각하라고 말하며, 정 부장에게도 "남의 운명 분탕질 치지"말라고 한다. 불교에서 말하는 인연(因緣)이란 모든 일에는 그 결과에 이르게 되는 원인이 있다는 것이다. 스토리의 심층에는 바로 이러한 관점이 내재되어 있다. 악행을 저지르면 "언젠가는 죄값을 치르"게 된다는 것이다. 모든 일은 반드시 원인이 있고 그에 따른 결과가 있다. 강 실장은 15년 전의 일에 대해 "수현을 맡는 것으로 책임"을 지며, 변동석도 수현에게 "빚진 거 갚으러" 방콕으로 간다. 이에 반해 대표적인 적대자인 정부장의 경우는 원인을 따지지 말라며, "끝이 좋으면 다 좋다"는 사고방식을 지닌 인물이다. 수단과 방법은 중요하지 않고 항상 결과만 보고 선택을 하는 그의 독단적인 방식이 그를 몰락하게 만든 것이다. 비극적인 복수의 플롯을 거쳐 결국 두 남자(마오-수현)는 손을 맞잡은 채 화해하는 것으로 인연의 끝을 맺는다.

2) 드라마의 통일성

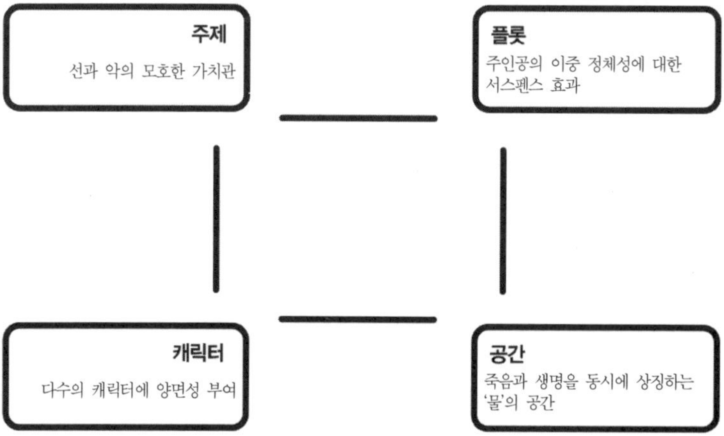

[그림 21] 드라마 〈개와 늑대의 시간〉 드라마의 통일성

플롯

이 드라마의 메인 플롯은 수현의 복수이다. 이를 위해서 수현이라는 인물이 '케이'라는 또 다른 인물로 이중 정체성을 갖게 되는 설정이 관건이 된다. 5회에서 수현은 잠입 수사를 위한 언더 커버 요원이 되기로 결심한다. 교통사고를 위장하여 사망한 것으로 처리된 수현은 방콕으로 사라진다. 2년여 동안 방콕의 뒷골목을 떠돌던 그는 '케이'라는 이름으로 청방에 들어가게 된다('비밀'). 더욱 흥미로운 대목은 '수현'이라는 자신의 정체성을 숨긴 채 청방의 조직원으로 일하던 그가 사고로 인해 기억을 잃어버린다는 것이다. 그는 온전히 "새로운 케이"로 태어나 청방에 충성하는 부하가 된다('거짓'). 그 후 수현의 정체를 아는 유일한 자인 정 부장으로 인해 자신의 본래 신분을 되찾은 그는 여전히 복수를 위해 조직원 역할을 한다('비밀'). 마침내 결말에서 마오에게 복수의 총을 겨누면서 그는 자신의 진정한 정체성을 드러내게 된다('진실'). 이러한 플롯에 발맞추어 수현과 마오의 관계는 '개'와 '늑대' 사이를 반복해가게 되는 것이다.

이러한 플롯을 통해 서스펜스의 효과를 극대화하고 있다. 스토리는 수현과 케이가 동일 인물이라는 정보를 시청자에게 미리 '누설'하고, 그 사실을 알지 못하는 극중 주변 인물들이 하나씩 그것을 '인식'하는 과정에 초점을 맞추고 있다. 수현의 정체를 밝히려는 강 실장과 정부장의 의견 대립, 처음부터 수현을 직감하는 지우와 이를 부정하는 민기가 갈등하고

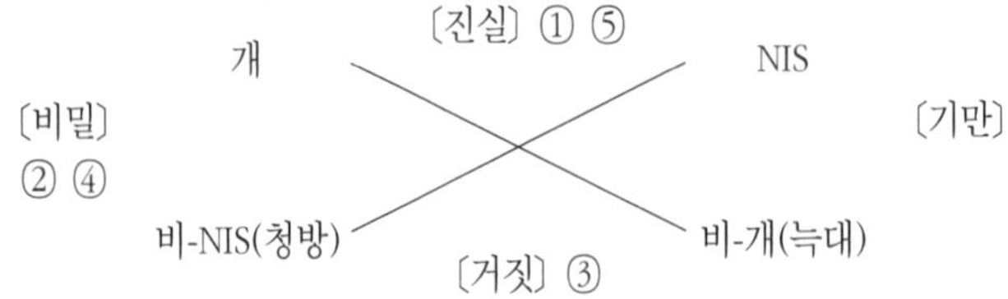

[그림 22] 수현의 정체성에 관한 '진리판단 양상화'

사실을 확인하는 과정, 변동석과 NIS 요원들이 수현의 임무를 알게 되는 것, 그리고 수현 자신의 기억을 회복해가는 과정 등이 중첩된다. 수현의 정체성에 대한 '인식'을 주된 이슈로 삼고 있는 스토리는 에필로그에서 다시 한 번 그가 언더 커버 임무를 수행하는 것을 보여줌으로써 '비밀'의 영역을 암시하며 끝을 맺는다. 그리고 또 하나의 핵심적인 정보인 마오와 이동조와의 관계는 마지막 회에서 서프라이즈 효과와 함께 제시되며 이야기에 반전을 가져온다. 이와 같은 극적인 기교들이 적극적으로 활용되면서 '스릴러'라는 장르가 견고히 구축되고 있는 것이다.

〈표 4〉 진리판단 양상화에 따른 서사 구조

진 실				비 밀			거 짓					비 밀			진실
1회	2회	3회	4회	5회	6회	7회	8회	9회	10회	11회	12회	13회	14회	15회	16회

캐릭터

앞서 분석해보았듯이 수현은 이중의 정체성을 숨기고 있는, 즉 '언더커버(under-cover)' 요원이라는 신분을 지닌다. 그는 종종 "귀신"(12회), "유령"(14회), "죽은 몸"(16회) 등의 이미지로 제시된다. 수현과 케이는 "정반대"의 모습으로 드러나는데, 내면과 외면, 존재와 현상의 대립과 불일치가 그의 캐릭터를 요약한다. 마오 역시 '가면을 쓴 남자'(1회)로 제시되는데, 그는 주인공 수현에게 있어 친구와 적을 오가는 인물이다. 마오를 적대자로 볼 경우에도, 그는 단순한 적보다는 '존경받는 경쟁자(admired rival)'[64]로 그려지고 있다. 인지주의 서사학의 캐릭터 유형으로

64 Hogan, Patrick Colm, The Mind and Its Stories , Cambrige University Press, 2003. p.216.

볼 때 해당 사회의 규범을 따르지 않는 개인주의적인 성격의 적대자가 존재하는 경우가 있다. 여기에 해당하는 두 가지 유형은 죄를 지은 적이 없는 순수한 캐릭터와 선택의 여지없이 불가피한 상황에서 적의 진영에 서게 된 경우이다. 마오는 절친한 친구인 이동조를 본인의 의지와는 무관하게 살해한 경우로 후자에 해당한다고 할 수 있다. 따라서 수현과 마오 두 사람은 서로가 서로를 거울처럼 비춰보고 서 있는 형상이다. 샤오밍은 수현에 대해 "속을 모르겠"다며 점점 마오를 닮아간다고 지적한다. 또한 마오에게 수현은 "그림자"이자 "아들", 즉 분신이며, 이들은 "이미 한 몸"이다. 즉 개별 캐릭터와 마찬가지 두 인물의 쌍이 이루고있는 하나의 몸 역시 이미 양가적인 가치들을 동시에 지닌 모습인 것이다.

이 드라마는 주인공 수현을 중심으로 주변 캐릭터들 역시 양면적인 정체성을 지닌 채 선악의 모호한 뒤섞임을 구현하고 있다는 점이 이채롭다. 여자 주인공 역시 "아리"와 "지우"라는 두 가지 이름을 가지고 있다. 어린 시절 수현과 방콕에서 만났던 아리는 마오의 딸이었고, 15년 후 서울에서 만난 지우는 서영길의 딸로 살아간다. 마오와 같이 청방의 조직원이었던 서영길은 범죄가 싫어 방콕에서 도피해 사업가로 변신하는 인물이다. 또 변동석의 경우는 한때 NIS 요원이었지만 산업 스파이로 몰려 감옥 생활을 하고, 후에 정보 브로커가 된다. 강 실장은 동료의 아들인 수현을 친자식으로 받아들임으로써 아버지가 된다. 이에 따라 수현과 형제이자 친구가 된 민기 역시 수현의 위장 죽음을 계기로 정체성의 변모를 겪는다. 늘 "촐싹"대고, "농땡이"만 치던 민기는 수현의 몫을 대신하려 "갑자기 변하"게 되는 인물이다.

공간

이 드라마는 '국가정보원(NIS)'이라는 특수한 공간을 소재로 활용하고 있다. 그리고 태국 로케이션을 통해 이국적인 방콕의 풍광을 화면에 담아 새로움을 부여하기도 하였다. 그런데 여기서 방콕이라는 도시가 가지는 이미지 가운데서도 물의 이미지가 강조되고 있다. 방콕은 차오프라야강의 하구에 있는 도시로 드라마 속에서 강물과 부두, 바다 등의 씬이 자주 등장하는 것이다. 이것은 드라마 전체를 통해서 구축되고 있는 물과 관련한 공간 모티프의 일부를 이루고 있다. '물'은 생명과 죽음이라는 의미를 동시에 지니므로, 선악의 모호함 이라는 주제에 부합되는 모티프가 된다.

〈표 5〉 '물'과 관련된 공간 모티프

회 차	공 간	등장 인물 및 내용
1회	인천 바다	수현이 바다에 빠짐
	방콕 부두	서영길이 장대인과 만남
	방콕 강변	마오, 지라프 대화
	방콕 연못	아리와 수현이 연못에 빠짐
	방콕 부두 일각	경화, 청방 마약 거래 현장 출동
	방콕 페리 선상	아리가 혜선, 서영길과 함께 떠남
2회	서울 비오는 거리	수현과 아리의 재회
3회	방콕 연못	수현과 아리의 소풍(꿈)
4회	방콕 연못	수현과 아리의 소풍
	방콕 수영장	수현과 아리의 소풍
	방콕 바닷가	수현과 아리의 소풍
	방콕 강	수현이 강에 빠트려짐
5회	방콕 수영장	마오가 가족사진 바라봄
	서울 한강	수현과 강 실장 대화
	서울 민기집 마당	수현과 민기 물싸움
6회	서울 비오는 옥상	수현과 강 실장 대화
	서울 비오는 묘지	자신의 묘를 찾은 수현

회 차	공 간	등장 인물 및 내용
7회	서울 한강	마오, 서영길 대화
	서울 한강	수현 노을을 바라봄
	서울 한강	절규하는 수현
	인천 부두 일각	추격당하는 아리, 수현
	인천 바다	수현이 바다에 빠짐(1회와 동일)
	서울 비오는 옥상	생각에 잠긴 강 실장
	인천 근처 섬마을	수현이 파도에 떠밀려내려옴
10회	서울 한강	수현 노을을 바라봄
	서울 한강	변동석, 정 부장 만남
11회	인천 부두 일각	아리 미술품 인수
12회	서울 한강	수현, 변동석 만남
13회	서울 근교 저수지	수현 저수지에 빠져들어감
14회	서울 근교 저수지	변동석의 은둔처로 온 수현과 민기
	서울 근교 저수지	수현과 민기 저수지에서 마주섬
	서울 근교 저수지	민기를 찾아온 아리
15회	서울 한강	수현과 아리의 대화
	서울 한강	문 이사, 배 상무 대화
16회	일본 강변	수현 노을을 바라봄

위의 표가 말해주듯이 이 드라마는 16회 전체에 걸쳐서 물과 관련된 배경 공간들이 계속해서 반복적으로 사용되고 있다. 방콕과 서울을 오가며 펼쳐지는 스토리상에서 강이라든가 바다, 저수지, 연못 등의 공간들은 의미 없이 주어진다기보다는 특정한 의도를 드러내는 모티프라 볼 수 있을 것이다. 직접적인 공간 모티프는 아니지만 비오는 장면 또한 반복해서 나타나고 있다. 특히 주인공 수현이 물에 빠지는 장면이 여러 번 등장하는데, 물이 등장인물의 몸에 닿는다는 의미에서 비를 맞는 장면 역시

유사한 효과를 주고 있다고 할 수 있다.

여기서 물은 정화의 의미를 지니는데, 죽음과 이어진 생명, 즉 재탄생의 의미를 암시하고 있다. 이 드라마는 수현과 케이라는 두 개의 다른 이름을 지닌 한 인물의 정체성에 관한 주제를 담고 있다. 바다에 빠지게 되는 에피소드는 수현이 자신의 신분(기억)을 잃어버리고 케이로 살아가게 만들어주는 중요한 계기로 작용한다. 그리고 수현에서 케이로, 케이에서 다시 수현으로 이름을 바꾸어가며 살아야하는 주인공의 정체성의 혼란이 강이나 저수지 등의 배경 공간을 통해 은유적으로 드러나고 있다.

물의 이미지와 함께 햇빛이 등장하는 경우도 여러 번 제시된다. 눈앞의 사물을 제대로 바라볼 수 없게 만드는 눈부신 햇빛(1회,2회,3회,7회)이나 노을을 바라보는 장면(7회, 10회, 14회, 16회) 등이다. 후자는 바로 '개와 늑대의 시간'이라는 상황의 재연이라 볼 수 있다. 또 이것은 같은 제목을 가진 회화 작품의 소재(2회, 10회, 12회, 16회)를 통해 다시 한 번 강조되고 있다.

소재

이 드라마는 심층의 주제 의식이 담화화되는 과정에서 매우 압축적이고 상징적으로 표출되고 있다. 오프닝 신에서 이 드라마의 담화 구조를 형성하는 주된 모티프 네 가지가 한꺼번에 제시되고 있는 것을 볼 수 있다. 이것은 위에서 살펴 본 물의 이미지와 햇빛, 그리고 손목시계와 코끼리 조각이다. 첫 씬은 수현이 부두에서 위기에 처한 지우를 태우고 추격전을 벌이고 있는 장면이다. 이때 수현의 손목에는 아버지의 유품인 깨진 시계가 있고, 차에는 코끼리 조각이 달려있다. 지우를 도피시킨 수현은 바다 속에 빠지게 되는데 수면 위로 햇빛이 비쳐든다.

시계는 스토리상에서 중요한 의미를 지닌다. 주제 분석에서 언급하였듯이 아버지에게서 물려받은 시계는 '인연'을 상징한다. 어린 시절 엄마의 죽음을 목격하던 때에 떨어뜨린 시계는 유리가 깨진 채 멈추어버린다. 그 후 결말 부분에서 모든 것이 다 끝났다고 말하며, 수현은 시계의 분침을 다시 움직이게 만든다. 결정적으로 그것은 마오와 이동조에게 우정을 기념하기 위해 선물한 시계로, 두 사람의 관계를 입증할 단서가 된다. 그리고 수현은 언더 커버 요원이 되기로 결정하면서 시계를 지우에게 남긴다. 지우가 수현을 잊지 못하는 것은 시계라는 소재를 통해 계속 부각되며, 민기는 지우에게 새 시계를 선물한다. 지우는 시계를 차거나 벗는 것을 통해 자신의 감정을 표현한다. 시간이 흐른 뒤 시계는 다시 수현에게로 돌아오고, 자신의 정체성을 알게 되는데 단서가 된다.

코끼리 역시 수현과 지우 사이를 오고가며 둘을 연결해주는 매개체로서 작용한다. 어린 시절 방콕에서 수현이 깎아주던 코끼리 조각이 채 완성되기도 전에 두 사람은 이별하게 되고, 다음에 만나면 꼭 완성해주겠다는 약속을 남기게 된다. 15년 후에 다시 만나 그것을 완성해주고 수현은 언더 커버 요원으로 사라져버린다. 코끼리 조각을 깎는 일을 통해 수현은 계속 지우를 생각하고, 지우는 둘 사이의 비밀인 코끼리 조각을 단서로 수현이 살아있다는 것을 확신하게 된다. 코끼리는 태국에서 영물로 취급받는 동물이다. 따라서 코끼리의 소재는 방콕에서 보낸 어린 시절을 상기시키며, 다양하게 활용되고 있다.

다음 표에서 알 수 있듯이 손목시계와 코끼리 조각은 스토리 전체에서 반복적으로 나타나는 모티프로 수현의 정체성을 드러내는 중요한 상징이다. 수현이 자신의 기억을 완전히 잃고 케이로 다시 태어난 제 8회에서는 두 가지 사물 모두를 기억하지 못하는 모습을 볼 수 있다. 그리고 이어 정체성을 회복하고 그것을 확인하는 과정에서 역시 이 둘은 결정적인 역할을 한다. 손목시계와 코끼리 조각을 기억한다는 자체가 수현의 고유

〈표 6〉 '손목시계'와 '코끼리 조각'의 소재 활용

회 차	손목시계	코끼리 조각
1 회	#. 경화에게서 손목시계를 물려받음 (떨어뜨려 시계를 깨뜨림) #. 수현의 손에 깨진 손목시계	#. 차에 걸린 코끼리 조각이 떨어짐 (#. 코끼리를 타는 아리와 수현) #. 수현이 조각을 깎아줌(미완성) #. 코끼리 조각을 만지는 아리
2 회		#. 코끼리 조각을 꺼내보는 수현
5 회	#. 지우에게 전해주기를 부탁함 #. 손목에 시계를 찬 지우 #. 시계를 잃어버렸다 되찾음	#. 코끼리 조각을 만지는 수현 #. 완성한 조각을 지우에게 건네줌
6 회	#. 수현의 묘에 시계를 놓고 감 #. 묘에서 시계를 되찾는 수현	#. 코끼리 조각을 깎는 수현
7 회	#. 시계를 꺼내보는 수현	#. 코끼리 조각이 매달린 차 안 #. 코끼리 조각이 떨어짐(1회와 동일)
8 회	#. 시계를 기억 못하는 수현	#. 코끼리 조각을 기억 못하는 수현
11 회		(#. 코끼리 조각상 인수)
12 회	#. 지우에게 시계에 대해 묻는 수현	(#. 코끼리 조각상을 사진 찍는 지우)
13 회	#. 수현에게 시계에 대해 묻는 지우	#. 코끼리 조각을 깎는 수현 #. 코끼리 조각에 대해 묻는 지우
14 회		#. 코끼리 조각으로 수현의 흔적 발견하는 지우
16 회	#. 시계를 꺼내보며 결심하는 수현 #. 시계침을 다시 움직이게 함 #. 마오의 선물이었다는 사실 밝혀짐 #. 시계를 바라봄	(#. 민기에게 코끼리 인형 건네는 수현) #. 지우에게 남은 손때 묻은 코끼리 조각

성을 증명하는 것이기 때문이다.

흥미로운 사실은 엔딩 씬 역시 오프닝 때와 마찬가지로 주요한 모티프들이 집약적으로 제시된다는 점이다. 에필로그에서는 두 가지 장면이 교차된다. 우선 '개와 늑대의 시간'이라는 회화 작품을 바라보는 지우의 모습이 손때 묻은 코끼리 조각과 함께 제시된다. 그리고 해질 녘 어느 강변에 서 있는 수현이 손목시계를 들여다보는 장면이다. 처음과 끝의 유사한 상황들로 빚어내는 수미쌍관적 구조를 이루고 있는 것이다.

3. 〈온 에어〉(2008)

1) 플롯 중심의 기획

드라마 〈온 에어〉는 전문직 드라마 제작이 활발한 가운데에서, '드라마 제작'이라는 자기 반영적 소재를 내세워 주목을 끈 콘텐츠이다. 이 드라마 역시 진부한 트렌디 드라마에 대한 거부감과 전문직의 소재에 대한 대중적 요구에 부응하기 위해 '영웅 플롯'을 전면에 내세우며 '로맨틱 플롯'과 결합시키고자 하였다[65]. 두 가지 플롯의 상호 작용이라는 문제는 실제로 이 드라마를 둘러싼 주요 관심으로 떠올랐다. 과거 남녀의 사랑에 대한 보조적 역할만을 차지했던 직업의 세계에 보다 중심점을 두고 있다는 점에서 일단 참신성을 인정받는 분위기였다. 한편 종영 후 여론에서는 전문직 드라마로서 방송가의 현실을 보여주겠다는 초기의 의도가 후반부 멜로 라인에 파묻혀버린 점에 대한 비판을 주로 다루고 있다. 그러나 멜로 라인을 다루고 있다는 사실 자체가 스토리의 질을 떨어뜨리는 것으로 직결될 수는 없는 문제이며, 전략의 차이가 존재함을 이해해야 한다. 전통적으로 멜로 라인이 강한 한국의 대중 서사에서는 전문직 드라마 역시 로맨틱 플롯과의 절묘한 결합을 시도하는 경향을 나타내고 있음을 지적하였다. 〈온 에어〉에서도 갑작스럽게 멜로 라인이 부각되었다기보다는, 일의 성취를 다루

65 호건(Hogan)은 모든 이야기의 전형을 크게 세 가지로 구분하였다. 로맨틱 희비극, 영웅적 희비극, 그리고 희생제의적 희비극이다. 로맨틱 장르는 연인들과 부모와의 갈등, 영웅 장르는 영웅과 경쟁하는 찬탈자의 갈등, 희생제의 장르는 신과 신성한 규칙을 위반하는 평범한 사람의 갈등을 주로 다룬다.

는 '영웅'적 플롯과 사랑의 성취를 다루는 '로맨틱' 플롯은 처음부터 자연스럽게 준비되어왔다고 할 수 있다.

이 드라마에서 가장 주목할 부분은 전문직의 세계, 특히 드라마 제작에 대한 소재가 주는 효과라고 할 수 있다. 그러나 자칫 결말을 예상할 수 있는 뻔한 이야기로 전락하지 않기 위해 로맨틱 플롯에 대해서도 여러 가지 전략을 활용하고 있음을 알 수 있다. 이 드라마의 플롯 전략을 분석하기 위해 우리는 크게 세 가지의 주제로 접근해보려고 한다. 첫째는 전문직 드라마로서 스토리의 메타픽션적 성격이다. 둘째는 '액자식 구성'을 이루는 다양한 하위 텍스트들의 산만한 플롯을 들 수 있다. 그리고 마지막으로 로맨틱 플롯에 도입된 미스테리적 장치들이다. 뒤에 언급한 두 가지 항목은 단조로운 플롯을 극복하기 위해 활용하고 있는 전략으로, 잘 짜여진 구성이라는 이 드라마 최대 장점을 드러내주는 부분이라고 할 수 있다.

메타픽션으로서의 드라마

메타픽션이란 픽션과 리얼리티와의 관계에 의문을 제기하기 위해 가공물로서의 그 위상에 자의식적이고 체계적으로 관심을 갖는 허구적인 글쓰기를 가리키는 말이다.[66] 메타픽션으로 규정되는 작품들의 가장 기본적인 공통점은 하나의 픽션을 창조함과 동시에 그 픽션의 창작 과정에 대해 진술한다는 점이다. 〈온 에어〉는 방송가를 배경으로 한 편의 드라마를 제작해가는 과정을 메인 플롯으로 하고 있다. 즉 화면에 나오는 카메라 뒤에 있는 또 다른 카메라를 우리는 상정해볼 수 있다. 드라마는 그 과정에서 일어날 수 있는 온갖 어려움과 변수의 최대치를 그려내면서 현실을 모방하고 있다. 결과물로서가 아닌 제작 과정 자체가 드라마의

66 퍼트리샤 워, 김상구 역(1989), 『메타픽션』, 열음사. 제1장(pp.15-35) 참조.

주된 스토리를 형성하고 있는 것이다. 방송국이나 연예인의 세계라는 소재 자체가 대중에게 제공하는 흥미와 호기심에 더불어, 한 편의 드라마가 '자기 이야기'를 하고 있다는 점이 더욱 소구 요소로 작용했다고 하겠다.

메타픽션의 자기 반영적 성격은 자의식에 대한 고민으로 이어지는 경우가 많으며, 종종 자기비판과 성찰의 면모를 보여주기도 한다. 드라마 제작 과정에서 제기되는 여러 문제들, 즉 시청률 지상주의로 인한 폐해, 고무줄 편성이라는 편법, PPL 논란과 배우 개런티의 거품 등을 꼬집고 있다. 또한 연말 방송대상의 나눠먹기식 관행, 연예인의 성상납 문제, 여자 연예인 비디오, 네티즌의 악플 등 방송가 전반에 문제시되고 있는 사안들이 불가피하게 폭로되고 있다. 드라마에서 주인공들의 주요 관심사 역시 드라마란 무엇인가, 특히 '좋은 드라마'란 무엇인가에 대한 고민이다. 출생의 비밀・재벌2세・불치병 이라는 한국 드라마의 진부한 관습들이 드라마 속 드라마로 패러디되면서, "진정성"에 대한 성찰이 드러난다.

메타픽션의 특성은 자아 반영과 함께 픽션과 리얼리티의 관계가 불안정하다는 점이 있다. 서사물은 자신을 현실과 분리시켜 주는 보이지 않는 울타리 안에 존재할 때에만 허구적 세계의 독립성을 보장받을 수 있고, 그런 전제 하에서만 리얼리티의 환영(illusion)도 유지될 수 있다. 그런데 메타픽션은 그 울타리를 가시적으로 드러내 보이거나, 일부러 허물어뜨리거나, 마음대로 넘나든다. 즉 메타픽션은 서사화 행위 자체에 대한 진술을 수행하는 방식을 통해 서사의 틀을 파괴하고 스토리에 대한 몰입을 차단한다.[67] 이 드라마 속에서도 종종 실제 드라마계의 에피소드들이 그대로 사용되는 경우를 볼 수 있다. 다수의 연예인이 카메오로 출연하거나 실명으로 거론되고 있는데, 그렇다고 반드시 현실의 상황과 일치하는 것은 아니며 픽션의 요소가 가미되어 경계가 모호해지기도 한다. 극중 장기

67 김행숙(2004), 『문학의 새로운 이해』, 청동거울. p.111.

준으로 등장하는 배우 이범수는 〈외과 의사 봉달희〉에서 '버럭 범수'로 등장한 바 있는데, 이 드라마 속에서 동료 배우 김민준을 만나 '버럭 범수'에 대한 언급을 함으로써 아이러니한 상황을 연출하기도 한다(4회). 배우 이서진·김정은 커플의 연애에 대해서도 실제 현실과 같이 "온 국민이 다 아"는 사실로 규정된다(9회). 타방송사에서 에이즈에 걸린 어린 아이의 이야기를 만들었다거나(6회), 〈내 이름은 김삼순〉과 〈달콤한 스파이〉를 통해 혼혈배우가 인기를 얻었다는 사실(10회) 또한 현실이 그대로 반영된 부분이다. 그리고 〈온 에어〉의 김은숙 작가는 '연인' 시리즈를 집필한 경력으로 유명한데, 전작인 〈파리의 연인〉의 엔딩에 대한 비판이 많았었다는 점이 언급되기도 한다(12회). 보조 작가로 등장하는 안다정 역시 언론을 통해 김은숙 작가의 실제 보조 작가를 모델로 만들어진 인물이라는 점이 널리 알려지기도 했다.

픽션과 리얼리티의 관계에 대해서 좀더 세밀하게 분석을 시도해보자. 이를 위해 쥬네트의 서사의 차원(narrative levels)에 대해 알아보아야 하겠다. 여기서 '차원'이란 서술하기(narrating) 자체에 의해 재현되는 일종의 단층(threshold)이라 할 수 있다. 서사가 어떤 사건을 이야기하든 그것은 이 서사를 만들어내는 서술 행위가 놓여진 차원보다는 이야기 구조에

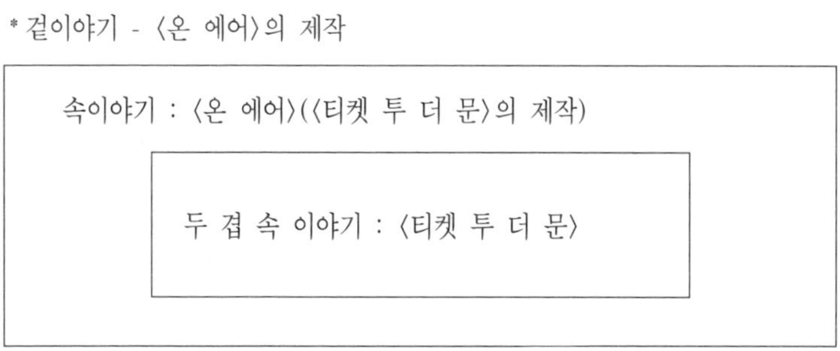

〈그림 23〉 드라마 〈온에어〉에 드러나는 서사의 차원

서 바로 한 단계 더 높다. 즉 첫 번째 차원은 작가의 문학적 행위로 '겉이야기(extradiegetic)'로 불리며, 그 보다 높은 차원이 바로 겉이야기에 의해 이야기되는 사건으로 '속이야기(intradiegetic)'로 불리는 것이다. 그리고 여기서 한 차원 나아가 속이야기 안에서 이차적으로 서술되는 이야기를 '두 겹 속이야기(metadiegetic)'라고 한다.[68] 예를 들어 실제 드라마를 제작하는 행위가 겉이야기라면, 이것에 의해 이야기되는 사건이 〈온 에어〉이며, 이 속이야기 속에서 제작되는 드라마가 〈티켓 투 더 문〉이라는 두 겹 속이야기인 것이다.

드라마 〈온 에어〉가 메타픽션의 성격을 띠는 것은 속이야기가 겉이야기를 모방하고 있다는 데서 비롯된다. 우리는 앞서 속이야기가 어떻게 겉이야기를 반영하며, 그 결과 겉이야기의 리얼리티와 속이야기의 픽션이 어떻게 교묘하게 결합되고 있는가를 살펴보았다. 그런데 이 드라마에서 흥미로운 부분은 두 겹 속 이야기(픽션) 또한 속이야기(현실)를 모방하고 패러디하고 있다는 지점이다. 〈티켓 투 더 문〉은 극중 작가의 실제 팬인 '은형'이라는 지적 장애아를 모델로 기획된 드라마로 동일한 이름을 사용하고 있으며, 은형이 보낸 편지의 내용 또한 그대로 대사로 차용된다. 마지막 회에서는 등장인물들에 의해 '은형'이라는 이름이 실제 인물(속이야기)을 가리키는지 극중 인물(두 겹 속이야기)을 가리키는지 헷갈리는 에피소드가 만들어지기도 한다. 또 극중 작가와 PD의 키스신은 〈티켓 투 더 문〉의 엔딩에서 패러디된다. 그리고 〈온 에어〉의 결말에 이르러 작가가 새로운 기획안을 내어놓는데, 그 컨셉이 "싸가지 없는 탑스타와 시청률 고공행진의 스타 작가의 대 격돌"이라는 〈온 에어〉의 내용을 그대로 표방하고 있는 것이다.

---

68 Genette, Gérard(1972), Discours du récit, Paris; Seuil.. Tr. by Jane E. Levin(1980), Narrative Discourse, Cornell University Press. pp.227-231.

메타픽션은 서사의 유희적 성격과도 밀접하게 연관된다. 픽션은 근본적으로 '~인 체하기(pretending)'의 한 방식이고, 그것은 놀이와 게임의 기본적인 요소이다. 즉 창작자와 수용자가 허구 서사 일반과 관례와 규칙들을 암묵적으로 공유한 상태에서, 그것들 중 일부를 파기하고 수정하고 뒤엎어버리면서 가지고 노는, 매우 세련되고 지적인 놀이이다.[69] 〈온 에어〉의 이야기는 시청자들에게 김은숙 작가 자신의 이야기, 또는 실제 연예계의 이야기로 혼동되며 대중들의 호기심과 흥미를 불러일으키는 역할을 한다. 한편 극 속에서 대사로 처리되는 시청자나 네티즌에 대한 경고는 마치 실제 드라마를 시청하고 있는 현실의 시청자들 자신을 향한 메시지로 받아들여지기 쉽다. 결과적으로는 드라마의 정체성을 성찰하는 과정이 제작자나 시청자 양편 모두에게 자의식의 자극을 이끌어내었다고 하겠다.

'두 겹 속이야기'의 활용

〈온 에어〉의 플롯에서 가장 눈에 띄는 점은 바로 단일한 서사가 아니라, 여러 층의 서사가 동시에 산만한 형식으로 진행되고 있다는 것이다. 우리는 이미 드라마 속에서 제작되는 드라마 〈티켓 투 더 문〉이 두 겹 속이야기의 위상을 차지하고 있음을 분석하였다. 그 외에도 다수의 드라마와 쇼 프로그램, CF 등이 두 겹 속이야기로 삽입되고 있으며, 주인공들의 회상을 통한 과거의 스토리가 두 겹 속이야기로 등장하고 있다.[70] 특히 가장 주된 두 겹 속이야기는 바로 〈티켓 투 더 문〉의 스토리와 7년 전의

69 김행숙, 앞의 책, p.112.

70 쥬네트는 시간의 불일치 문제에 있어서, 가장 주된 플롯을 '기본 서사'로 보고, 삽입되거나 이식되는 서사를 '이차적 서사' 구분지었다. 따라서 이 드라마 속에서 7년 전 회상의 스토리는 이차적 서사로 명명될 수 있으나, 드라마 전체에 걸쳐서 고유의 서사성을 드러내면서 또 하나의 텍스트를 구성하고 있다는 측면에서 두 겹 속이야기로 규정하였다.

회상이라고 할 수 있다. 여기서 산만한 형식을 지적하는 것은 이러한 두 겹 속이야기들이 일회적으로 삽입되는 것이 아니라, 드라마 16회 전반에 의도적으로 산재하며 전개된다는 점을 강조하는 것이다. 다시 말해 단번에 의미가 파악되는 것이 아니라, 드라마의 결말에 이르러서야 완전한 의미의 구성이 가능하도록 의도된 것이다. 이 또한 세 번째 플롯 전략으로 제시할 미스테리적 성격과 맥락을 같이하는 점이다.

쥬네트는 두 겹 속이야기 서술의 유형을 세 가지로 분류하였다. 그중 하나가 속 이야기와 두 겹 속이야기의 사건이 직접적인 인과관계가 있는 경우로, 이때 두 겹 속이야기는 '설명적' 기능을 갖는다.[71] 오승아와 장기준에 관한 과거의 스토리가 여덟 차례에 걸쳐 전개되는데, 바로 중심 서사에 통합되면서 설명적 기능을 갖는다. 초반에 톱스타인 오승아가 빈손인 장기준을 찾아온 것은 의문을 낳았다. 그러다 두 사람의 7년 전 인연이 처음으로 회상을 통해 소개되는데(2회), 그것의 완결된 의미는 마지막 회에 이르기까지 지연되고 있는 것이다. 회상의 스토리는 후반부에 나오는 승아의 "연어설(성장을 이룬 연어는 민물로 돌아온다)"에 대한 설명적 역할을 하고 있다. 이를 중심으로 서영은과 양소은의 7년 전 과거 장면들도 함께 제시되고 있는 것이다.

쥬네트의 세 가지 분류 가운데 속이야기와 두 겹 속이야기 사이에 아무 관련이 없는 경우를 제외하면, 속이야기와 두 겹 속이야기의 사건이 주제적 동일성을 갖는 경우가 있다. 이는 순전히 '주제'와 관련된 것으로 시간적, 공간적 연속성은 없으며, 두 서사의 관계는 대조 또는 유추의 관계를 갖는다. 〈티켓 투 더 문〉의 경우 〈온 에어〉와 주제적 유사성을 갖는다고 볼 수 있다. 드라마 속 서영은 작가는 엔딩을 수정하고 재촬영할 것을 주장하는데, 여기서 관건은 바로 주인공 은형의 여자로서의 성장 못지않

71 Genette, Gérard(1972), *FiguresIII*, Paris; Seuil.

게 사회적 성장 또한 중요하다는 점이었다. 로맨틱 플롯과 함께 전문직 드라마로서 주인공들의 영웅적 플롯에 무게를 실은 〈온 에어〉와 같은 맥락임을 알 수 있다. 이에 반해 서영은 작가의 전작들로 제시되는 재벌 · 불치병 · 출생의 비밀로 뒤엉킨 드라마는 실제 트렌디 드라마의 패러디인 동시에 속이야기와 대비되며 속이야기의 주제를 부각시키고 있다.

〈표 7〉 승아와 기준의 회상에 의한 두 겹 속이야기

7년 전 회상	장 소	내 용	회 차
회상 1	#. 커피숍	사기 매니저한테 당하는 승아. 기준, 우산과 차비 3만원 빌려줌.	2회
회상 2	#. 장엔터	계약하러온 승아 - 거절하는 기준. "통과의례"를 치르겠다고 말하는 승아.	3회
회상 3	#. 커피숍	회상1에 이어) 기준에게 이름을 물어봄. 나중에 찾아오겠다고 함.	6회
회상 4	#. 장엔터/호텔	회상2에 이어) 호텔 스위트룸 예약. 당황하는 승아.	9-10회
회상 5	#. 호텔	회상4에 이어) 기준의 연기를 눈치챔. '진짜 좋은 어른'이라고 말함.	15회
회상 6	#. 호텔 로비	회상5에 이어) 방값 깎고 있는 기준. 숨어서 지켜보는 승아.	15회
회상 7	#. SW 앞	회상6에 이어) 진사장과 직원들 상복 입고, 절규하는 기준.	16회
회상 8	#. 장엔터	기준이 보고 싶어서 찾아온 승아. 톱스타가 되어도 아는 척 하지 말라고 함.	21회

미스테리적 장치들

이 드라마는 단조로움을 피하기 위해 복합적인 플롯 구조를 만들어내고 있는데, 그 가운데 하나의 핵심 원리가 미스테리를 유발시키는 서사이다. 미스테리를 통해 긴장이 발생하고, 시청자들은 해결이 이루어지기까지 더욱 쉽게 스토리에 몰입하게 되는 것이다. 앞서 분석해보았던 두 겹 속이야기들도 드라마의 전반에 산재하면서, 드라마의 완결에 이르러서야 완전한 실체를 드러낸다는 점에서 미스테리적 성격을 지니고 있다고 할 수 있다. 이 드라마 속에서 가장 중요하게 다루어지는 미스테리적 장치는 오승아의 데뷔 시절 NG컷이 담긴 비디오테이프와 양소은에 관한 일화이다.

오승아가 장기준에게 "우리집 알잖아요?"(2회)라는 대사를 한 것은 의문을 자아내는데, 우편으로 배달되어왔던 비디오테이프를 꺼내보는 장면(4회), "누가 저걸 보냈을까? 발신인도 없이…"라는 승아의 대사(10회)를 통해 연결되며, 마침내 "받아도 안 뜯어볼 줄 알았다"는 기준의 대사(18회)에서 확실하게 해명된다. 우리는 오승아가 테이프를 장기준이 보냈다는 사실을 짐작해온 것을 알 수 있으며, 드라마 곳곳에서 테이프를 돌려보는 것을 통해 기준에 대한 승아의 감정을 눈치챌 수 있다. 마침내 기준이 승아의 데뷔시절부터 계속해서 지켜봐왔다는 사실을 승아가 확인하게 되는 것이다. 두 사람의 멜로라인은 7년 전 회상 스토리와 함께 비디오테이프의 미스테리가 해결됨으로써 확실하게 드러난다. 즉 "좋아하는 남자"가 있으며(4회), 프로포즈 받을 반지를 고르고(6회), 신혼여행까지 준비하는(10회) 승아의 행동에 대한 답이 된다. 또 기준이 "좋아하는 여자"(8회)가 있으며, 서작가도 아니고(15회) 양소은도 아닌 것(16회)으로 밝혀지는데, 그것이 다름 아닌 오승아였다는 사실이 확인되는 것이다.

그리고 연예계의 성상납 관행에 대한 문제를 부각시키는 동시에 진상우와 장기준의 과거에 얽힌 비밀로 제시되는 '양소은 사건'의 미스테리가

〈표 8〉 소은의 죽음에 관한 미스테리 구성과 해결

회차	등장 인물	내 용
5회	학선, 상우	학선이 기준과의 관계 악화가 "그때 그 일" 때문이냐고 물음.
5회	상우, 기준, 소은	(7년 전) 소은을 술집에 들여보내는 상우, 이를 말리는 기준.
7회	상우, 기준	상우의 악행에 "소은이 지금 다 보고 있"다고 말하는 기준.
14회	기준, 승아	상우의 변화에 대해 양소은 때문이냐고 묻는 승아.
16회	상우, 기준, 승아	(7년 전) 소은의 죽음에 절규하는 기준. 숨어서 보는 승아.
16회	기준, 승아	소은을 좋아했던 사람은 기준이 아니라 상우였음이 밝혀짐.
18회	상우, 기준	술집에서 데려나온 이후, 소은에게 무슨 짓을 했냐고 묻는 기준.
19회	상우, 승아, 소은	(오승아 비디오 속) 소은이 보고 싶었다며 상우를 찾아옴.
19회	상우, 기준	소은의 자살을 통해 자신을 사랑하는 줄 깨닫게 되었다는 상우.

있다. 이는 오승아의 7년 전 과거와도 맞물리면서 궁금증을 유발시키는 소재이다. "그때 그 일"(5회)이라고 툭 던져진 말에 대한 실마리는 성상납 에피소드를 통해 드러나고, 그 결과는 18회에 이르러서야 밝혀진다. 그리고 기준이 과거 좋아했던 여자가 소은이 아닌가라는 의문이 은연중에 계속 이어지다가, 결말에 가서야 소은의 죽음에 대한 미스테리는 상우와의 사랑 때문이었다는 사실로 해결된다.

이 드라마 속에서 회상(analepses)은 특히 중요한 역할을 차지하고 있다. 7년 전의 회상은 회상의 전체 기간이 기본 서사의 기간 밖에 있는 '외적 회상(external analepses)'이지만 기본 서사에서의 인과관계에 큰 영향을 미치고 있다. 여러 차례 반복되면서 보충하는 형식을 취한다고 할 수 있다. 그 외에도 경민과 영은이 정신과에서 만나는 장면, 경민이 반지를 물에 빠트리는 장면, 승아와 기준의 조깅 장면, 우동 끓이는 장면 등은 한 번 일어난 사건이지만 반복 제시되며 강조되기도 한다. 그리고 서술에서 빠졌던 틈새를 후에 채우는 보충하는 역할 가운데서도, 의도적

〈표 9〉 '역언법'의 활용 사례

장 소	회차	내 용	회차	내 용
#. 레스토랑	1회	승아, 상우의 다툼	4회	경민이 나타나 도움
#. 방송국	6회	승아, 드라마 참여 결심	7회	주인공을 은형으로 교체 요구
#. 일식집	4회	외주진행비 전달	7회	돈을 받지 않음
#. 대만 산책로	9회	승아, 기준의 조깅	10회	보고 싶었다고 고백하는 기준

으로 일정 장면을 생략(옆으로 빼놓기)함으로써 더욱 의미를 강조하는 '역언법(paralipsis)'이라는 개념이 있다.[72] 즉 어떤 기간을 건너뛰는 것이 아니라 어떤 요소를 피해가는 것이다. 〈온 에어〉에서도 이와 같은 의도적 생략이 종종 제시되는데, 이후에 예고없이 보충되었을 때에야 우리는 한참 전에 지나간 장면에 대한 완결된 의미를 구성할 수 있는 것이다.

위의 예에서 보듯이 동일한 씬에서 일부가 의도적으로 빠졌다가 후에 다시 채워지는 구조를 형성하고 있다. 여기에는 예상하지 못했던 전개나 반전이 포함되어있어 극적인 흥미를 더하고 있는 것이다. 이런 구조의 반복을 통해 시청자들은 극의 전개를 지켜보며 자발적으로 미스테리를 발견하거나 추측할 수 있다. 동일한 씬은 아니지만, 이와 유사하게 바로 이어지는 씬이 생략되었다가 후에 조합되는 경우도 나타난다. 기준이 승아에게 우동을 끓여주겠다는 대사가 나오지만(6회), 실제로 그 직후에 일어났을 우동 끓여주는 장면은 생략된다. 그 후 승아가 기준을 떠올리는 부분에서 다시 회상을 통해 복구된다(12회). 경민과 영은이 제작발표회를 위해 방송국 주차장에서 함께 내리는 장면이 나오지만(15회), 그 직전에 차 안에서 나누었던 대화는 후에 영은의 회상으로 처리된다(17회).

72 *ibid.*

이는 두 사람의 감정의 진전을 드러내는 중요한 단서로, 의도적으로 빼어 두었다가 결정적인 때에 삽입함으로써 더욱 강조되는 효과를 가져온다. 그리고 촬영을 거부하며 입원한 체리를 찾아가는 감독과 배우의 씬들이 이어질 때(17회) 서작가의 방문은 의도적으로 생략되었다가, 체리의 복귀 후에 회상되는데(18회), 이 역시 체리가 복귀하는 데 결정적 역할을 한 이유가 뒤늦게 밝혀지는 효과를 준다.

이 외에도 '서스펜스'를 활용한 미스테리 장치들이 있다. 경민은 의사인 친구를 만나러 정신과를 방문한 것으로 우울증이 아니라는 사실은 애초부터 시청자들에게 '누설'(1회)된다. 하지만 영은은 계속해서 오해를 하다가, 6회에 이르러서야 '인식'이 이루어진다. 또 경민모가 영은의 집 도우미라는 사실은 미리부터 알려지지만(2회), 세 사람은 각각 뒤늦게 이를 인식하게 된다. 경민모는 방송 대본의 크레딧을 보고(12회), 영은은 경민모가 뜨개질하던 조끼를 경민의 차에서 발견하고(19회), 경민은 영은의 집 앞에서 어머니와 함께 있는 장면을 목격하고(21회) 이 사실을 알게 된다. 서작가의 작품이 밀려난 것이 진상우의 의도에 따른 것이라는 사실이 주변 인물들에게는 모두 누설되지만(5회), 승아의 인식은 뒤늦게 나타난다(6회). 이로 인해 승아의 판단은 번복되고 스토리 전개에 결정적 영향을 미치게 되는데, 바로 인식의 타이밍에 따라 더욱 극적인 상황이 연출된 것이다. 서스펜스의 활용은 사소한 사실이라 하더라도 시청자들이 미리 얻은 정보가 언제 밝혀질 것인가 하는 관심으로 일정 부분 긴장을 유지해나가게 하므로 효과도가 높다고 하겠다.

2) 드라마의 통일성

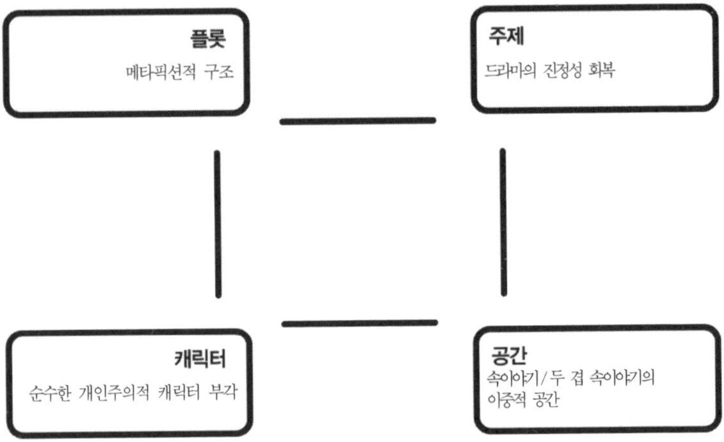

[그림 24] 드라마 〈온에어〉 드라마의 통일성

주제

이 드라마는 한 편의 메타픽션으로서 '좋은 드라마란 무엇인가'에 대한 성찰을 담고 있다. 우리는 현실성이 가상인 드라마에 반영되는 방식을 중심적으로 살펴보았지만, 역으로 드라마가 현실로 걸어나오는 대목도 발견할 수 있다. 남자가 물에 빠진 여자를 구하면 꼭 둘은 엮인다는 드라마의 공식이 실제로 이루어졌으며, 서영은의 전작에 나오는 대사들도 경민의 입을 통해 패러디된다. 조감독과 보조작가의 결혼식에서 또한 인생은 한편의 드라마에 비유되는데, 이를 통해 현실과 드라마 간에 경계가 모호해지면서 동질성을 획득한다. 그리고 드라마란 토끼나 계수나무가 "달 속에 살아있다고 믿게 하는 힘"이라는 경민의 말은 곧바로 〈티켓 투 더 문〉이라는 드라마 속 드라마의 제목으로 연결된다. 즉 드라마 속에서 지향하는 좋은 드라마의 자질은 〈티켓 투 더 문〉에 집약된다고 할 수 있다.

좋은 드라마를 제작해나가는데 있어서 가장 대립되는 지점은 작품성이냐 시청률이냐 하는 부분이다. 초반에 이PD와 대립하는 서작가는 "난 시청률을 원하고 감독님은 작품성을 원하기" 때문이라고 말한다(4회). 여기서 시청률에 편향된 드라마의 자질은 주로 "명대사만 있는", "뻔한 얘기", "깊이 없"는 등이다. 한 마디로 "겉멋만 든 공갈빵 같은 드라마"(12회)이다. 이에 반해 작품성 있는 드라마란 "진정성"이 있는 작품이다. 양자간의 대립에서 서작가가 점차 작품성 있는 드라마를 추구하게 되면서, "시청률 하나로 작품을 평가할 수는 없"다고 주장하기에 이른다. 그녀는 이제까지 써온 드라마와 다르다는 것을 깨닫고, "좋은 드라마"를 만들어가게 되면서, "진짜 작가"가 되는것이다. 종국에는 기존에 55%가 넘는 시청률보다도 〈티켓 투 더 문〉의 15%에 더욱 감격하는 것을 볼 수 있다. 따라서 좋은 드라마는 "현실감", "세상 물정", "시청률"이라는 외적 환경보다는 내적인 작품성으로 판가름 나는 것이다. 그리고 "스토리는 바뀔 수 있지만 기획 의도는 바뀔 수 없다"는 제작진의 생각도 외적인 것에 가치를 두기 보다는 내실에 치중하는 것을 보여준다.

드라마에 출연하는 배우 승아의 연기를 통해서도 이와 같은 맥락의 가치 체계를 드러내고 있다고 할 수 있다. 승아는 "연기를 발로 하"는 "가짜 배우", "허공에 뜬 국민 요정"으로 불린다. 부족한 연기력을 들키지 않고 버티려고 하는 승아는 매니저인 기준과 대립하게 된다. "신인은 자신의 몸매를 보여주려 하지만, 스타는 자신의 영혼을 보여주는" 것이라는 기준의 말에 승아는 냉소한다. 시청자들이 관심 가지는 것은 보톡스를 맞았나, 쌍꺼플을 했나, 살이 쪘나 하는 것 밖에 없기 때문에, 대역을 쓰든 연기를 끊어가든 별 상관이 없다는 것이다. 그러나 승아 또한 스토리가 전개되면서 변화하는 인물로, "제대로 하고 싶어졌다"면서 연기력을 인정받기 위해 노력한다. 결국 화면에 직접 드러나는 외적인 요소보다는 내면의 연기에 가치를 두게 되는 것이다.

이처럼 내적 가치와 외적 가치의 대립은 또 다른 가치들의 목록과 맥을 같이 한다. 다시 말해 진정성의 추구는 서두름 보다는 '느림'의 가치와 연결되며, 숙련자의 노련함보다는 입문자의 '순수함'에 의해 획득된다. 앞서 살펴보았듯이 스토리는 경민과 기준이 가진 가치가 영은과 승아를 설복시키는 양상으로 전개된다. 엔터테인먼트 회사를 운영하던 기준이 내실을 다지는 방식은 배우들에게는 "쉬운 길을 돌아가"는 것으로 인식된다. 그리고 경민도 "급할수록 돌아가라"를 신조로 삼고 있다고 밝힌다. 〈티켓 투 더 문〉의 제작 또한 "성공하면 이상"할 정도로 우여곡절을 겪고, "악연이 인연"이 되는 과정이 에둘러 완성된다. 이처럼 신속함이라는 실리적 가치보다는 내적 완성도에 충실한 태도로 인해 작품이 의도한 대로의 성공을 거둔 것이라 볼 수 있다.

그리고 영은과 승아의 가치관 변화에 결정적인 역할을 하는 것이 과거 데뷔 시절의 회고이다. 각자 자신의 분야에서 최고의 자리에 오른 두 사람이지만, 영은은 자신의 극본 공모 당선작을, 승아는 자신의 과거 모습이 담긴 비디오테이프를 마주한다. "성장을 이룬 연어는 민물로" 돌아오듯이 이들은 초심자의 정신을 회복하며 새롭게 거듭나는 것이다. 또한 극본을 내민 경민은 "초짜 감독"이며, 몰래 비디오테이프를 보낸 기준은 "초심을 잃지 않는 남자"로서 이들의 변화를 유도하였다. 결국 전체 스토리는 순수함으로의 회귀라는 먼 길을 돌아가는 과정이 현재에 통합되면서, 주인공들의 새로운 드라마 창작이라는 결과를 이루어내는 것이다.

캐릭터

이 드라마의 주체는 영은 · 경민 · 승아 · 기준 이라는 네 명의 인물이고, 이들이 추구하는 가치 대상은 분명 '좋은 드라마'일 것이다. 여기에 대한 원조자와 대립자는 비교적 분명하게 드러나며 서사 프로그램도 명료한 편이다. 그런데 '주체'라는 행위소를 형성하는 네 명의 행위자들 간의 구도는 매우 복잡하고 교묘하게 짜여져 있는 것을 볼 수 있다. 특히 로맨틱 플롯과 통합되어 있으므로, 이들의 '사각 관계'는 더욱 중요한 쟁점이 된다고 하겠다.

우선적으로 주목해 볼 캐릭터의 관계는 영은, 승아에 대한 경민, 기준의 대립이다. 영은과 승아는 "스타작가"와 "국민요정"으로 사회적 성취를 이루었으며, 그것을 유지시키고자 하는 '사회 규범적인 캐릭터'이다. 이에 반해 경민은 "작가 프로필이 100배 훌륭"하다는 이야기를 들을 만큼 초짜 감독이면서 "자존심" 하나로 버티며, 기준도 자신의 주관을 고수하다 "쫄딱 망한 주제"가 되었지만 "쥐뿔도 없으면서 잘난 척"하는 '개인주의적 캐릭터'이다.

그러나 내면적으로 영은은 "건방지고", "애처럼" 구는, "지랄 맞고", "싸가지 없는" "쉽지 않은 성격"에다, 승아는 "못 돼 처먹었고", "싸가지 없고", "인정머리 없는" 캐릭터를 지니고 있다. 반면에, 경민은 고시보다 드라마가 더 어렵다고 할 정도로 진지하고 순진한 "FM" 스타일이며, 기준은 "초심을 잃지 않고" 진실성을 지닌 인물로, "둘 다 인간이 성숙하다." 즉 승아의 지적이 꼬집고 있듯이, 기준처럼 "사람 좋고 무능한 매니저"라는 모순이 발생하는 상황에 놓여있는 것이다. 영은과 승아처럼 부정적인 내적 자질들을 가질 때라야 오히려 사회적 성공이 보장되는 환경을 말한다. 여기서는 허위적인 내재적 사회 규범과 진실된 초월적 원칙 사이의 불일치가 지적될 수 있다. 내재적 규범은 현재의 문화적 관행을 의미하며, 초월적 규점은 도덕 원칙 또는 믿을만한 것으로 추정되는 문화 원칙을 의미한다. 이 드라마의 스토리는 경민과 기준이라는 개인주의적 인물의 초월적 규범의 승리를 보여주고 있다. 영은과 승아는 시청률을 보장하는 관행에서 탈피해서, 새로운 소재와 휴머니티를 지닌 드라마의 제작을 통해 각자 진짜 작가와 배우로 거듭나는 것이다.

사회규범적 캐릭터(socially normative characters)와 개인주의적 캐릭터(individualist characters) ; 사회규범적 캐릭터는 사회적 범주와 이와 관련된 규범을 대표하는 인물이며, 개인주의적 캐릭터는 이와 반대로 개인주의적이며 특히 사회적 범주와 이와 관련된 규범에 대항하는 개인적 관계를 대표하는 인물이다. 이 두 캐릭터의 구분은 하나는 개인적 성격을 가지는 반면 다른 하나는 그렇지 않다기보다는, 문제의 캐릭터가 특정 정체성 범주와 사회적 권력자들을 위한 존재인지 아니면 이에 대항하는 존재인지에 대한 구분이다.

다음으로 네 주인공의 사각관계에 대해 분석해보자. 드라마 제작을 둘러싸고 한 자리에 모인 네 사람은 4회에서 기준과 영은의 과거 인연으로 인해 새로운 성격을 띠게 된다. 기준이 승아에게 예전에 영은을 좋아했었다는 고백을 함으로써, 경민과 영은, 기준과 승아의 멜로 라인에 중요한 영향을 미치는 것이다. 8회 대만 헌팅에서 기준과 영은이, 경민과 승아가 함께 시간을 보내는 에피소드가 등장한다. 그날 밤 기준은 영은이 준 부적을, 영은은 기준이 떠올려준 미키마우스를 바라보고, 경민은 승아의 사진을, 승아는 경민의 야구모자를 바라보는 씬은 네 사람의 감정의 혼란을 드러낸다. 회를 거듭할수록 멜로 라인은 경민과 영은, 기준과 승아 쪽으로 기울어지지만, 사각관계의 소재는 계속해서 활용된다. 12회 벚꽃놀이 에피소드에서 승아를 바라보는 경민, 경민을 바라보는 영은이 그려지고, 기준을 바라보는 영은, 영은을 바라보는 경민이 이어진다. 그리고 15회에서도 기준이 손으로 햇빛을 가려주고 영은이 우는 장면이 제시되어, 승아와 경민의 질투심을 유발시킨다.

기준이 영은의 드라마를 계속 모니터해왔으며, 작품 시작 때마다 기자들에게 단체문자를 보낸다거나 미역국을 끓여온다는 등의 내용이 계속해서 멜로 라인에 혼선을 가져다 오는 것이다. 그리고 승아는 경민에게 종종 "오해 살 만한" 농담을 던지고, 히치콕과 그레이스 켈리의 관계를 자신과 경민에게 빗대기도 한다. 여기서 사각관계 역시도 하나의 미스테리를 제공하는 소재로 역할하고 있는데, 이미 분석하였듯이 기준과 승아의 과거가 하나씩 복원되면서 결국 기준이 좋아했던 사람은 승아였음이 밝혀지면서 해소된다. 그러나 사각관계는 멜로 라인의 확신에도 불구하고, 끝까지 등장인물들의 미묘한 감정을 자극하는 요소로 반복되어 사용된다. 야유회에서 축구 경기를 할 때도 의도적으로 영은과 기준이, 승아와 경민이 한 편으로 연출된다. 마지막회 공항에서 헤어지는 장면까지도 영은과 기준이 포옹을 하자, 이어서 승아와 경민이 악수하는 것을 통해 이들의 미묘한 감정과 사각관계를 다시금 환기시키는 것이다.

4. 〈내 이름은 김삼순〉 (2005)

1) 캐릭터 중심의 기획

〈내 이름은 김삼순〉은 2005년에 방영되어 큰 반향을 일으킨 드라마이다. 이처럼 시청자들을 열광시키고 몰입할 수 있게 만든 핵심에는 현실성을 기반으로 한 다큐멘터리적 인물 설정이 있었다. 현실성에 대한 획득은 어느 한 순간에 이루어진다기보다는, 꾸준히 구축되는 캐릭터에 의해 스토리 전체를 통해서 대중에게 설득되어지는 것이다. 〈내 이름은 김삼순〉에서 구현하고 있는 다큐멘터리성은 단순히 여타 멜로드라마의 주인공과 차별되는 '평범한' 인물 유형의 설정에서 오는 것이 아니다. 그것은 인물이 지닌 가치관・목표・태도 등 모든 내면적인 성격을 포함하는 '캐릭터' 자체에서 비롯된다고 할 수 있다. 즉 삼순이는 스토리에서 일정한 기능만 수행하면 되는 전형적 인물이 아닌 입체적 캐릭터로서 존재하는 것이다.

이러한 캐릭터 창조가 이루어질 수 있었던 것은 전형적 타입을 반복 재생산 해내는 스토리의 세계에만 함몰되지 않고, 다큐멘터리적 관점을 지향한 결과라고 할 수 있겠다. '삼순이'는 허공에 발을 딛고 서있는 인물이 아니다. "이태백(이십대 태반이 백수)"이라는 말이 나올 정도로 취업난이 심각한 IMF 이후 한국 사회에서 그녀는 실직자로 살아가고 있다. 또한 한국 여성의 살빼기 노력은 세계 최고로 알려져 있다. 런던 대학 보건역학팀에 의하면, 세계 22개국의 여대생을 대상으로 조사한 결과 한국 여성의 77%가 체중 감량 경험을 가진 것으로 조사대상국 가운데 1위를 차지했다.[73] 문화에 따라 '뚱뚱함'에 대한 인식의 차이를 보이는데, 이는 대개 지역 사회 내의 기준을 따른다. 우리나라에서 외모에 대한 관심과 애착은 정도를 지나쳐 이제 한국은 '성형의 천국'이 되어버렸다.[74] 여기에는 여자는 일단 어리고 예뻐야 한다는 가부장사회 남성들의 고정관념이 작용했음은 쉽게 추론할 수 있다. 여전히 남성중심적 가치가 팽배하는 우리 사회에서 그녀는 노처녀로서, 예쁘지 않고 뚱뚱한 여성으로서 숨쉬고 있는 것이다.

'삼순이'라는 이름에서부터 상징적으로 드러내고자 한 것은 바로 주인

---

73 연합뉴스, 2006.5.16.

74 설문 조사에 따르면 한국 성인 여성의 70%가 외모 때문에 스트레스를 받고 있으며, 특히 25세에서 29세 여성의 61.5%가 성형 수술의 경험이 있는 것으로 나타났다. (한겨레신문, 2007.2.22일자)

공이 커다란 결점을 지닌 사회적 약자라는 설정이다. 우리말에서 '삼(三)'이라는 숫자는 흔히 어떠한 수준에 있어 매우 뒤떨어진 정도, 가장 낮은 단계를 상징한다. 일류도 아니고 하다못해 이류도 아닌, 삼류 인생, 삼류 배우, 삼류 학교 등등. 영화 〈넘버3〉를 보면 주인공 태주(한석규)는 '넘버3'라는 소리를 제일 듣기 싫어하며 '넘버2'가 되고 싶어 안달을 낸다. '삼'이란 글자가 이름에 들어가면 뭔가 모자란, 어리버리한, 우스꽝스러운 이미지가 연상되고, 거기에 '순'이 덧붙여짐으로써 촌스러운 느낌까지 주게 된다. 그녀는 촌스런 이름, 볼품없는 외모, 노처녀, 낮은 학력, 부유하지 않은 집안, 게다가 언니들한테 치일대로 치이면서 자라난 세째딸의 숙명까지 골고루 갖추었다.

이러한 캐릭터는 시종일관 평범한 '서민'으로 무척 현실감있게 그려진다. 무엇보다 드라마에서 생략되기 마련인 돈 문제가 전면에 드러나고 있다. 커피값, 술값, 밥값이 이 드라마에서는 이야기거리가 된다. 삼순은 커피숍에서 사람을 만나면 "양심적으로 제일 싼 것"을 시키고, 포장마차에서 나온 "7만 6천원"을 나이 많은 자신이 계산하기 위해 캐쉬 로비로 달려가 "겨우" 10만원을 출금한다. 화장품 가게에서 실컷 테스트해보고 달랑 립스틱 하나만 사는, 그러고도 샘플은 많이 달라고 하는 인물이다. 멜로드라마의 여주인공이라면 적어도 피아노나 바이올린 등 악기 하나쯤 다루는 것이 취미일 법도 한데, 삼순은 농구 선수 출신이다. 고상한 취미도, 가녀리고 보호본능을 불러일으키는 외모도 가지고 있지 않은, 건강하고 씩씩한 인물도 얼마든지 로맨스에 빠질 수 있다는 것을 강조하는 설정이다.

다양한 영상 콘텐츠를 통한 동일시의 효과는 두 가지로 구별된다.[75]

---

75 G.조엘 · J.린톤, 『영화 커뮤니케이션』, 나남출판, 1994. p.152. 동일시는 유사성과 소망하는 동일시로 알려진 두 가지 기본적인 형태를 지닌다. 전자의 형태에서는 관객이 자기 자신과 가장 비슷한 인물들과 동일시를 이루고, 반면 후자에서는 관객이 자기 자신

하나는 자신이 그렇게 되었으면 하고 바라는 이상적인 인물과의 동일시이고, 다른 하나는 자신과 가장 비슷한 인물과의 동일시이다. 그 동안 멜로드라마에서 주로 시청자들에게 주었던 효과는 전자이다. 말하자면 〈내 이름은 김삼순〉에 등장하는 적대자 김희진과 같은 인물 말이다. 그녀는 예쁘고, 날씬하고, 착하고, 교양있는 전형적인 멜로드라마의 여주인공 감이다. 그런데 어느 날 뚱뚱하고 씩씩한 노처녀가 멜로드라마의 여주인공으로 등장하였다는 것은 획기적인 사건이 아닐 수 없다.

이전에는 드라마 스토리가 주는 환상을 즐기기 위해서 일차적으로 이상적인 여주인공에 자신을 동일시하는 단계가 필요했지만, 여기서는 바로 내가 주인공이 되어 곧바로 스토리의 세계로 들어가는 것이다. 이러한 현상은 늘 주변인에 머물러있던 캐릭터가 중심인물로 새롭게 설정되는 것을 의미한다. 다시 말해 '춘향전'에 나오는 춘향이가 아닌 향단이가 주인공이 된 것이다. 또는 늘 솔직하고 말이 많으며 유쾌한 여자 주인공의 친구들일 수도 있다. 삼순이 캐릭터가 신드롬이란 현상까지 일으킬 수 있었던 가장 큰 의미는 바로 이 지점일 것이다. 우리 사회에서 대다수를 차지하고 있으면서도 그동안 '이야기'에서 소외되어왔던 평균적인 사람들이 중심으로 들어왔다는 점이다.

촌스런 이름에서부터 뒤떨어지는 외면적 조건을 가진 '현실적' 인물 삼순은 분명히 진헌의 주변에 있는 다른 여자들과 차별되고, 또 희진이라는 거의 완벽한 조건의 '이상적' 반-주체와 대립된다. 그리고 가치들의 대립은 삼순과 경쟁 상대들 간에만 나타나는 것이 아니라, 더욱 눈에 띄는 것은 바로 남자 주인공 진헌과의 가치 대립이다. 진헌의 경우는 '외면적 가치'의 우세함 뿐만 아니라 '내면적 가치'의 부정적 양상까지 동시에 드러내고 있다. 이러한 가치 체계를 드러내기 위해 삼순과 진헌의 캐릭터는

이 되었으면 하고 바라는 인물과 동일시가 이루어진다.

두 가지 상반된 가치를 한 몸에 지닌 '그로테스크한 육체'[76]로서 설정된다.

내면적 가치(+)	↔	내면적 가치(-)
외면적 가치(-)	↔	외면적 가치(+)
삼순		**진헌**

[그림 25] 그로테스크한 육체로서의 삼순과 진헌 캐릭터

이러한 양상이 드라마 속에서 구체적으로 어떻게 구현되고 있는지를 아래 도표를 통해 정리해 보자.

〈표 10〉 두 캐릭터가 지닌 상반된 가치

	내면적 가치	외면적 가치
	(+)	(-)
삼순	현우 : 꿈 많고, 열정적이고, 활기차고.. -(1부) 진헌 : 자기 손으로 성실하게 일해서 그 돈으로 꿈을 키우는 여자[...] 주제파악을 잘해요[...] 건강한 가치관과 사고 방식. -(3부) 진헌 : 전문 직업을 갖고 있고[...] 주제파악을 잘하지. -(4부) 삼순 : 한번도 사랑을 쉽게 해본 적 없어요[...]진심으로 대하려고 노력했다구요. -(4부) 삼순 : 내 마음을 움직여봐요. 마음이 움직이면 머리도 따라오겠죠. -(9부)	웨딩 매니저 : 나이 서른, 아버지 안 계시고[...]소유부동산은 단독주택, 여고졸업...-(1부) 진헌 : 포샵질 좀 하셨네요[...]나이가 꽤 있으시네요. -(1부) 나사장 : 유통기한 지난 호빵 - (3부) 진헌 : 이쁜 얼굴은 아니지만[...] 좀 뚱뚱해. -(4부) 채리 : 이쁘길 해, 늘씬하길 해, 나이가 어려? (4부) 보나뻬띠 여직원들 : 나보다 젊어? / 날씬해? / 이뻐? -(6부) 진헌 : 손도 못 생겼네. -(6부) 보나뻬띠 여직원들 : 미운 오리 새끼... -(8부)

76 바흐친 이론의 주요 개념 중의 하나로, 한 신체 안에 깃든 '양가성'을 특징으로 한다. 이득재는 안드레이 뻴라또노프의 『의혹을 품은 마까르』의 분석에서, '텅빈 머리/ 재주많은 손'이라는 대칭되는 특성을 동시에 지닌인간 마까르와 '영리한 머리/ 텅빈 손'을 가진 인간 추마보이를 대립시켜 설명한다. (이득재, 『바흐찐 읽기』, 문화과학사, 2003, p.284.)

	내면적 가치	외면적 가치
	삼순 : 난 돈지랄은 안 해.-(10부) 삼순 : 걱정 마요. 교양은 없어도 양다리는 안 걸치니까. -(11부)	
진헌	(-)	(+)
	맞선녀 : 무례하고 건방지고, 안하무인. -(1부) 삼순 : 싸가지 없는 인간. -(2부) 삼순 : 인간미라곤 눈곱만큼도 없는 자식. -(2부) 삼순 : 얼음왕자 -(3부) 희진 : 좀 까다롭죠? -(4부) 삼순 : 인간미 없는 놈 -(5부) 삼순 : 잘난척도 가지가지야. - (6부) 삼순 : 왕싸가지에다 지가 왕잔 줄 아는 아주 이기적인 바람둥이야 -(8부) 삼순: 싸가지로 봐서는 B형인데.. -(9부) 삼순 : 이기적이고 유아적이고 세상물정 모르고... -(12부)	삼순 : 잘 생기긴 했다. -(2부) 인혜 : 키도 크고, 운동도 잘 하고 -(2부) 보나뻬띠 여직원들 : 진헌 왕자 -(6부) 보나뻬띠 여직원들 : 날렵한 코선, 턱선 예술,롱다리,보조개랑 속눈썹, 앵두같은 입술... -(8부) 보나뻬띠 여직원들 : 명품이야! -(8부) 삼순 : 옆모습 잘 생겼다고 자랑하는 거야 뭐야? - (11부) 박봉숙 : 어쩌면 이렇게 잘 생겼을까? 얼굴도 하얗고 속눈썹 긴 거 좀 봐. 이 보조개... -(14부)

2) 드라마의 통일성

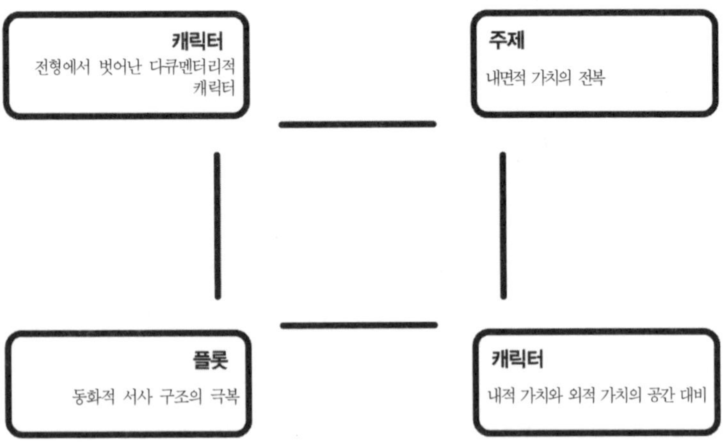

[그림 26] 드라마 〈내 이름은 김삼순〉 드라마의 통일성

주제

캐릭터 설정에서 뚜렷하게 드러나고 있듯이, 이 드라마 스토리의 기본적인 가치 체계는 바로 〈외면적 가치-몸〉 대 〈내면적 가치- 마음〉의 대립쌍에 의해 구축된다. 드라마 속에는 외모의 미/추 외에도 부/빈, 학력의 고/저, 그리고 남/녀 등 여러 가지 관점에서 대립점이 시사되고 있다. 스토리를 통해 이러한 경계들은 순전히 '외면적 가치'에 의한 구분임이 드러나게 되는데, 드라마는 '몸'과 '마음'이라는 〈외면〉과 〈내면〉의 두 가지 가치 간의 투쟁의 양상을 띠게 되는 것이다.

결과적으로 스토리는 삼순이 참 주인공으로서 시련에서 승리함으로써 가체 체계에서의 '내면적 가치'의 우세함을 드러낸다. 즉 외면적 조건에 의한 가치 체계를 전복하고 '내면적 가치 체계'가 새로이 중심으로 자리잡게 되는 과정을 그리고 있다고 하겠다. 이에 따라 모든 판단의 기준은 내면적 가치에 따르며, 기존의 외면적 가치 체계는 더 이상 쓸모없는 것이 된다. 오히려 대립자를 물리치고 진헌의 사랑을 얻어내는 데 성공함으로써, 부정적으로 판단되었던 삼순이의 외면적 자질들이 인정받는다. 다시 말해 부/빈, 남/여, 외적인 몸(외모)/내적인 몸(건강) 등의 대립쌍에서 사회적으로 억압되고 소외되었다고 보이는 가치들의 일시적인 뒤집힘이 일어나는 것이다.

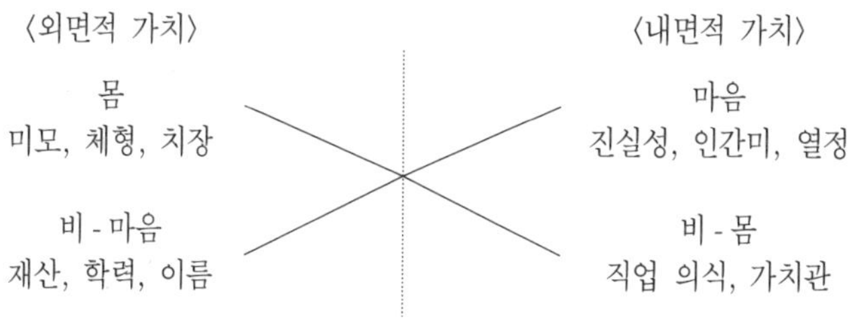

[그림 27] 드라마 〈내 이름은 김삼순〉의 가치 체계

심층에서 구축시키고 있는 이러한 가치 체계는 오늘날, 한국 사회라는 콘텍스트 속에서 전복적인 메시지를 형성해내고 있다. 이는 "여자는 일단 어리고 예뻐야"한다는 외모지상주의에 대한 반격이며, "여자 서른 넘으면 은근히 무시하는" 가부장 사회의 억압에 대한 저항이다. 또한 소수의 엘리트가 아닌 "개미 군단"의 저력을 드러내는 것이다.

플롯

로맨틱 드라마인 〈내 이름은 김삼순〉의 플롯은 그레마스의 서사 도식을 충실히 따르고 있는 것처럼 보인다. 스토리는 제1부에서 삼순이 크리스마스이브에 남자 친구(현우)에게 차이는 에피소드로 시작된다. 그로 인해 주인공은 '결핍' 상태에 빠지지만, 실연의 경험이 우연히도 진헌과의 만남의 계기로 작용하기도 한다. 그리고 마침내 마지막 회에서 최후 상황인 '결핍 해소'가 이루어진다. 즉 라스트 씬에 나오는 삼순의 나레이션, "우리는 사랑을 하고 있다"를 통해 주인공이 균형적 상태로 회복되었음을 확인할 수 있다.

우리는 서사 구조의 분석을 통해 〈내 이름은 김삼순〉의 스토리가 전형적인 민담의 구조를 비교적 충실히 따르고 있음을 살펴볼 수 있다. 더욱이 결핍 상태의 해소 과정이 '사랑의 추구'라는 점, 그 상대가 부와 높은 신분(사회적 위치)을 지닌 '왕자(재벌)'라는 점 등이 『신데렐라』동화의 기본 구조와 동일함을 알 수 있다. 그러나 다큐멘터리성을 지향하는 삼순이 캐릭터는 『신데렐라』 동화의 서사 구조[77]를 유연하게 변화시키고 있다.

---

77 박인철, 『파리학파의 기호학』, 민음사, 2003, pp.255~286. 〈'신데렐라'의 설화 구조 분석〉 참조.

〈표 11〉 드라마 〈내 이름은 김삼순〉의 서사 도식과 기능 모델

회수	서사 도식	기 능	내 용
1부 - 3부	최초 상황	결핍	실연
		사기	진헌의 계약 연애 제안
		본의 아닌 공모	계약 연애를 수락
		손해	아버지의 빚보증
		위임	스스로 돈을 구하고자 함
		주인공의 결단	진헌에게 오천만원을 빌림
4부 - 7부	자격 시련	시련의 지정	희진과의 삼각관계
		시련의 수락	진헌을 찾으러 호텔로 돌아감
		원조자 받아들임	아버지와의 대화
8부 - 14부	근본 시련	결투	희진과의 대면
		표지	한라산 정상에서 기다린 진헌
		승리	연애를 시작함
15부 - 16부	영광 시련	어려운 임무의 부과	진헌의 미국행(희진과의 이별여행)
		임무의 완수	미국행을 허락함
		주인공의 현시	진헌의 귀환/잘못 배달된 엽서들
		거짓 주인공의 정체 폭로	희진에게 연락을 금지함
16부	최후 상황	결핍의 해소	진헌과의 사랑

- 정체성의 변화

신데렐라 동화에서는 대모에 의해 화려한 의상과 마차를 부여받아 정체성의 변모를 통해 왕자의 사랑을 얻어낸다. 그러나 드라마에서 주인공은 '마법적인 힘'에 의지하기 보다는 자기 스스로 해답을 찾아가는 주체성에 의해 승리한다. 삼순에게 있어 사랑과 자아 정체성의 문제는 결코 동떨어진 것이 아니다. 기저 의미에서 내면적 가치를 강조하는 스토리는 어쩌면 '사랑의 성취'라는 표면적인 프로그램보다 오히려 그것의 수단으로서의 '정체성의 확립'에 더 중점을 두고 있는지도 모르겠다. 이는 단적으로 개명 신청서를 찢어버리고 "나, 김삼순"을 더 사랑할 것이라는 대사

를 통해 드러난다.

- 분유적 전달

서사의 최종 상태는 결핍의 해소에 있다. 『신데렐라』에서 왕자와의 결혼은 여주인공에게 '비천한 신분' 대 '높은 신분', '가난' 대 '부'라는 대립의 해소를 가져왔다. 이는 왕자가 수여하는 높은 신분과 부가 수여 후에도 왕자 자신에게 그대로 남는 '분유적 전달'로 설명할 수 있다. 그러나 드라마에서는 오히려 '인간미'라는 내면적 가치를 삼순이 진헌에게 나누어주는 양상을 띠게 된다.

- 선악의 대립

대개의 민담과 동화가 그러하듯 『신데렐라』역시 선과 악의 대립이 명징하게 나타난다. 샤를 페로 본에 의하면, "이 세상에서 가장 거만하고 못된" 계모와 모든 점에서 그녀를 닮은 두 의붓언니들이 "이 세상에서 가장 훌륭한" 어머니로부터 물려받은 "더할 나위 없이 부드럽고 착한" 신데렐라에 대비되고 있다. 멜로드라마에서 역시 이러한 악역의 출현은 빈번하게 나타난다. 그러나 이 드라마는 여주인공부터가 멜로드라마의 스테레오 타입인 '착한 여자'가 아니다. 순종적이고 항상 자기 자신보다는 남을 먼저 배려하는 천사가 아니라, 할 말은 반드시 해야 직성이 풀리며 자기 권리를 주장하는데 결코 주저하지 않는 여자이다. 반-주체인 희진의 경우에도 자기 사랑을 이루기 위해서는 물불을 가리지 않는 '의붓 언니'로 그려지지 않는다. 또한 희진은 기본 프로그램에서는 진헌의 사랑을 얻지 못하는 반-주체에 해당하지만, 헨리와의 사랑의 성취로 자신의 프로그램에서 승리한다.

- **열린 결말**

이 드라마의 스토리가 동화의 구조를 벗어난다는 것은 결말 부분에서 가장 쉽게 확인할 수 있다. 바로 삼순이가 동화적 환상에서 다시 현실적 세계로 돌아오는 부분이다. '오래오래 행복하게 살았답니다'로 끝나는 동화적 결말이 아니라, 사랑을 이루고 난 순간 다가오는 또 다른 불안감이 숨김없이 제기된다. 그러나 아버지(내면적 자아)의 충고대로 결과보다는 '과정'의 중요성을 강조하는 것으로 다시금 직면한 현실에 대한 해답을 제시하며, 또 다른 의미에서 해피엔딩을 맞는다.

공간

- **오피스텔 / 단독주택**

드라마 속에서 가난함과 부를 상징적으로 드러내는 공간으로 부암동의 조그만 단독 주택과 최고급의 오피스텔이 설정된다. 물론 오피스텔에는 최신식 설비에다 고급 가구와 오디오가 갖춰져있어 삼순네와 비교가 불가능하다. 그러나 이곳은 청소는 도우미 아줌마가 하고 키를 가지고 있는 경비 아저씨가 수시로 드나들 수 있는 개방된 장소로, 어떤 비밀도, 추억도 없는 삭막한 공간이다. 반면 이웃끼리 서로 잘 알고 지내는 서민 동네에 있는 '소박하고 정감가는 단층주택'으로 설정된 삼순이 집은 삼순이 꽃밭과 나무, 삼순이 그네 등 가족의 역사와 추억이 고스란히 묻은 개인적 공간이다.

이처럼 삼순이 지닌 가난함이라는 외적 조건은 가족애와 이웃간의 정과 같은 긍정적 가치와 불가분의 관계에 있음을 알 수 있다. 그래서 진헌이 삼순이네에 인사를 왔을 때, 삼순모는 진헌이 가진 경제적 · 사회적 조건에 주목하기보다는 또 다른 관점에서 사위감을 시험한다. 형광등은 갈아봤는지, 못질은 해보았는지, 김장독은 묻어봤는지가 그녀의 질문이었으며, 마지막으로 술버릇 테스트를 한다.

- **'보나뻬띠', 유토피아적 공간**

'외면적 가치'와 '내면적 가치'라는 기본 가치 체계에 의하면, '외모(외면적 몸)' 보다는 '건강(내면적 몸)'이 우월한 가치를 갖는다. 여기서 건강은 내면적 가치인 '마음' 보다 우선시되며, 몸의 건강함이 마음을 안정시키고 살찌우는 원동력으로 작용한다는 믿음이 드러난다. 따라서 건강한 몸을 만들어주는 '음식'은 스토리에서 매우 중요한 의미를 지닐 수밖에 없다. '먹는다'는 행위는 비단 신체적인 영양분을 제공할 뿐만 아니라 일종의 마음의 치유제 역할을 하기도 한다. 삼순의 직업이 파티셰라는 것은 이러한 의미를 바탕으로 한 설정이다. 그리고 그녀에게 있어서는 음식을 먹는 것 뿐 아니라, 음식을 만드는 것 자체가 일종의 치유법이다.

처음 삼순이 만든 케익 맛에 반해 파티셰로 채용하게 된 진헌은 레스토랑이라는 공간을 두고 그녀와 사랑을 엮어간다. 이 두 사람은 많은 차이점에도 불구하고 음식에 관한 철학을 공유한다. 속이지 않고 국산 재료만 고집하던 방앗간 김 사장(아버지)에 이어 음식을 만드는 직업에 자부심이 강한 삼순은 "음식 갖고 장난 안 치"며, 진헌 또한 "가짜 음식은 안 만"든다. 레스토랑의 이름은 "Bon Appetit보나뻬띠"로 우리말로 '맛있게 드세요'란 뜻이다. 이곳은 바로 사람들에게 몸과 마음의 영양분인 '음식'을 제공하고, 서로의 몸과 마음 또한 치유해가는 두 주인공의 '유토피아적인 공간'이라고 할 수 있겠다.

5. 〈커피 프린스 1호점〉 (2007)

1) 공간 중심의 기획

이 드라마는 제목이 말해주듯이 '커피 프린스'라는 커피점을 주 공간으로 삼고 있다. 최근 다양한 문화콘텐츠에서 음식을 모티프로 하여 기획된 스토리들이 각광받고 있는 현상을 주목해볼 수 있다. 영화 〈식객〉이나 드라마 〈대장금〉 뿐만 아니라, 세계적인 뮤지컬로 성장한 〈난타〉까지 다수의 킬러 콘텐츠들이 음식 소재를 바탕으로 한 공간을 주 무대로 스토리를 펼쳐나가고 있다. 미각소(味覺素)와 신화소(神話素)가 서로 일치한다는 것은 구조주의자들만의 주장이 아닌데, 음식물은 단순한 '먹이'에서 복잡한 메시지를 담은 소통의 미디어가 되고, 목구멍의 식도는 생명과 우주로 통하는 정보의 회로가 된다.[78] 예수가 '먹고 마시는' 자리를 통해 자신의 마지막 메시지를 전한 예에서도 말해주듯이 음식문화의 가치는 인류 보편적이다. 이어령은 같은 책에서 한국인들은 '먹다'라는 표현을 유난히 많이 사용한다는 점을 지적하며, 한국인들이 먹는 것에 집착하는 이유는 어떤 미디어도 먹는 것만큼 강력한 소통력을 지니고 있지 않다는 것을 알았기 때문이라고 말하고 있다. 따라서 커피향과 와플의 달콤한 맛을 표방하는 〈커피 프린스 1호점〉은 공간 설정에서부터 대중적인 소구 요소를 전략적으로 채택하고 있다고 하겠다.

그러나 더욱 중요한 지점은 트렌디 드라마에서처럼 직업의 공간이 소재적 차원에서 그치는 것이 아니라, 플롯과 긴밀히 연결되어 주제적 의미를 효과적으로 형상화하고 있다는 것이다. '커피 프린스'는 두 주인공의 사랑 이야기가 펼쳐지는 주요 배경으로 사용되고 있는데, 메인 플롯이

78 이어령,『디지로그』, 생각의 나무, 2006. 24쪽. 이를 설명하기 위해 음양오행설의 우주를 상징하는 오방색을 띠는 한국음식과 한국의 제사상, 성체(聖體)의 미디어가 된 〈최후의 만찬〉의 빵과 포도주를 예로 들고 있다.

완수되어가는 과정에 따라 모종의 변화가 이루어지는 공간이기도 하다. 즉 드라마 속에서 공간의 대비는 시간적인 관계에 의해 드러나고 있다. 원래 '왕자 커피숍'이라는 이름의 오래된 가게는 거미줄에 쥐까지 나오는, 철거 직전의 "돼지우리" 같은 곳이었다. 보는 이로 하여금 "뜯어보고 싶은 욕망이" 들도록 만드는 이 커피숍은 주인공의 유입과 더불어 '커피 프린스'라는 트랜디한 커피점으로 거듭나게 된다. 이곳은 원래 홍 사장에게는 젊은 시절 사랑하던 여자와의 추억이 담긴 소중한 공간이었다. 하지만 흉가처럼 초라하게 변해버린 왕자 커피숍은 실패한 사랑의 폐허를 고스란히 보여준다. 여기에 주인공들이 새로운 사랑을 이루어가면서 생명을 불어넣게 되는 것이다.

드라마 속에서 '커피'라는 소재 자체가 가지는 의미도 사랑과 연결된다. 주인공 은찬은 "근사한 누군가"(6회)와 사랑에 빠졌다고 말하는데, 그것은 표면적으로 커피를 가리킨다. 그러나 커피가 너무 좋다거나 온 세상이 다 커피잔으로 보인다고 말할 때 그녀에게 커피는 사랑하는 남자와 동일시되어 은유적 의미를 띠기도 한다. 이는 "커피가 연애 같은 것"(16회)이라는 홍사장의 말에서도 확인할 수 있다. 한 번 빠지면 헤어나기 어렵다는 면에서 커피는 사랑과 같다는 것이다. 따라서 이 로맨틱 스토리에서 '커피점'이라는 공간은 정성스럽게 커피를 만들 듯 사랑을 만들어나가는 공간으로 규정되고 있다. 그곳에는 다양한 종류의 커피처럼, "프린스들" 개개인에 의해 다양한 방식의 사랑이 공존하고 있다.

> 은찬 : 커피가 얼마나 재밌는지 아세요? 어떤 원두를 쓰느냐, 어떻게 볶느냐, 물의 온도는 얼마냐, 하여간 맛이 다 달라. 커피의 세계는 정말 무궁무진한 것 같아요.
>
> - 〈커피프린스 1호점〉 6회

소녀 가장인 은찬은 재벌가 자제 한결에 대해서 "그들의 세계"와 "나의 세계"로 구분지으며, 그 한계를 인정하고 있다. 그러나 한결에게 있어서 커피 프린스는 주어진 것이 아니라 스스로 만들어낸 것이며, 일정한 성과를 통해 자신의 능력을 발휘한 곳이다. 오히려 이를 가능하게 만든 것은 바로 "애물 단지(한결)를 마음 붙이게 만든" 은찬이었다. 따라서 대립되는 두 개의 세계가 경계를 무너뜨린 지점이 바로 커피 프린스라고 할 수 있다. 이곳은 은찬과 한결 모두에게 성장의 기회를 제공하는 공간이다. 커피 프린스는 은찬에게 좋은 직장이 되어줬을 뿐 아니라 새로운 꿈을 가질 수 있도록 만들어주었다. 은찬은 일정한 성장을 겪은 후에 다시 이곳을 떠나는데, 그것은 더 나은 외부로 향하는 행로이다. 바리스타가 되기 위해 "좀 더 넓은 세계"(16회)로 연수를 떠나는 것이다. 그리고 이는 잠정적으로 '커피 프린스'가 아닌 자신의 여성 정체성을 온전히 드러낼 '커피 프린세스'로의 이행으로 볼 수 있다.

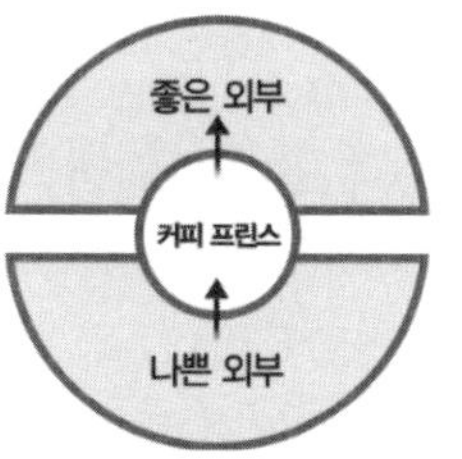

[그림 28] 은찬의 공간 이동 행로[79]

이 드라마는 커피 프린스를 '주공간'으로 삼으며 절반 이상의 장면들이 이곳을 배경으로 하고 있다. 그리고 그 외의 공간은 대부분 '집'이다. 여기서 집이란 각 캐릭터의 특성을 상징적으로 재현해내는 공간으로 제시된

79 로트만이 제시한 텍스트의 공간적 모델을 따름. 이야기에서 사건은 주인공이 경계를 지닌 공간을 이동하면서 발생한다.

다. 예를 들어 홍사장의 집은 켜켜이 쌓인 먼지에 푸른 이끼와 곰팡이, 오래된 빨래와 설거지감으로 앉을 자리도 없이 그려진다. 이처럼 "병 걸려 죽을 것 같"이 과장되게 지저분한 공간은 또 하나의 왕자 커피숍으로 동일시된다. 한결과 한성, 유주의 집이 각각 독립되어 있는 개인적 공간인데 반해, 은찬의 집은 담장이 없이 외부와 연결된 공간으로 제시되고 있다. 그리고 한결의 집에 비밀방으로 자리하고 있는 '레고방'은 그야말로 장난감 세상을 보여주는데, 이 드라마가 재현해내고 있는 스토리의 세계를 집약적으로 드러내는 공간이라 할 수 있다.

드라마에서 사용되고 있는 소재들을 살펴보면 주로 동심(童心)의 이미지를 띤 것들이 많다. 가장 먼저 과자와 빙과류 등을 들 수 있다. 드라마에서는 아이들이 즐겨먹는 스낵이라든가 초코파이, 아이스크림 등이 전체에 걸쳐 계속 반복되어 나타난다. 이러한 소재가 특정 인물에 집중되어 있다면 캐릭터의 특성을 나타내는 요소로 볼 수 있지만, 드라마 속의 모든 인물들이 공통적으로 이런 소재의 지배를 받는다면 그것은 스토리의 세계를 형성하는 요소로 봐야할 것이다. 등장인물들은 나이에 구애없이 일상적으로 과자와 아이스크림 등을 먹는데, 특히 일명 '쭈쭈바'로 불리는 빙과류를 입에 물고 있는 장면이 계속 노출되고 있다. 한결의 할머니까지도 가장 좋아하는 음식이 팥빙수이며, 그의 가족들은 집에서 쿠키를 만들어 먹는다. 그리고 은찬의 직업 중 하나가 우유 배달인데, 어른의 음료인 커피에 반해 어린 아이의 대표적 음료인 우유 또한 자주 등장하고 있다. 은찬은 한성에게 매일 우유를 배달하며 한결에게도 생일 선물이나 응원의 의미로 우유를 준다.

또 하나 동심의 이미지를 지닌 소재는 장난감이다. 한결의 직업이 '블록 디자이너'로 설정되면서 자연히 그를 둘러싼 소재에 장난감이 많은 비중을 차지하고 있다. 또한 한결과 은찬의 사랑을 연결해주는 매개체로서도 장난감은 중요한 의미를 지닌다. 은찬은 한결에게서 받은 레고 로봇을 주머니에 넣고 다니고 잘 때도 안고 자며, 한결은 은찬에게서 받은 '삐꾸 인형'을 은찬과 동일시한다. 한성의 방에도 악기를 연주하는 장난감 인형이 장식되어있으며, 유주는 한결에게 생일 선물로 악어 인형을 주기도 한다.

이와 같은 소재들은 공간과 밀접하게 연결되고 있다. 한성의 뜰에 있는 돌로 된 말상이라든가 한결의 옥상에 있는 나무 그네 등은 장난감이 상징하는 동심의 가치를 공간에 부여하고 있다. 즉 이 공간들은 드라마에 직접적으로 등장하는 '놀이터'라는 공간과 동일한 의미를 지닌다. 이 외에도 등장인물들은 초등학교 앞 문방구에서 쭈그리고 앉아 게임을 한다거나 크레파스로 그림을 그려 카드를 만들고, 깜깜한 밤의 공간을 피노키오 동화에 나오는 '고래 뱃 속'에 비유하고는 한다. 따라서 이 드라마는 공간과 소재적 요소를 통해 순수한 어린 아이의 세계를 구축해내고자 하는 것이다.

2) 드라마의 통일성

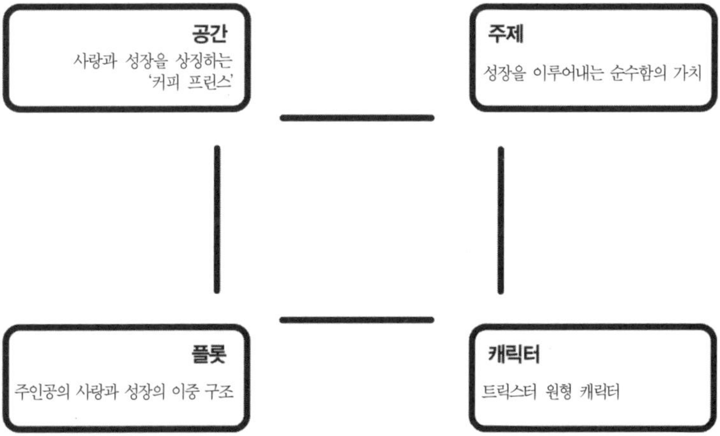

[그림 29] 드라마 〈커피프린스 1호점〉 드라마의 통일성

주제

스토리에서 두드러지게 대립되는 두 가지 의미 요소는 바로 어린 아이 같은 '순수함'과 '속물스러움'이다. 주인공 은찬은 "꼬맹이", "쥐방울" 등으로 불려진다. 여기에 반해 한성과 한결, 유주는 비슷하게 "나이 서른"의 "어른"이며, 때로는 "속물"로 말해진다. 극 속의 인물들은 은찬에게 입을 모아 "귀엽고, 예쁘다"고 말한다. 한성과 한결이 은찬에게 끌리고 사랑을 느끼게 된 것도 "항상 자기감정에 솔직하고 조건 없이 상대를 믿고 좋아해줄 줄 아는", "있는 그대로 세상을 보는", 힘든 상황에서도 "밝은 아이"였기 때문이다.

> 한성 : 아무리 힘든 일 있어도 하늘 보고 별 보고, 그런 이쁜 것들 보면 또 금방 이쁜 아이처럼 기분이 좋아지고... 그럼 사는 게 무지 이쁠 텐데. 칭찬이야.
>
> - 〈커피프린스 1호점〉 4회

한성과 유주의 대화를 보면 스스로를 "후지다", "속물스럽다"는 표현을 한다. 그것은 자신의 감정에 솔직하지 못하고 재고 따지는 모습을 가리킨다. 유주는 자신이 더 사랑한다고 생각하자 버림받을 게 두려워 한성을 떠나버렸는데, 여기에 대해 한성이 "여우같은 기집애"라고 표현한 것도 같은 맥락이다. 은찬과 사이가 어색해진 한성은 은찬이 먼저 연락을 해와도 받지 않고 망설인다. 이때의 대화를 보면 순수함과 속물스러움의 대비가 분명하게 드러나있다.

> 유주 : 전화해 줘. 꼬맹이는 애쓰는데, 어른이 좀 그렇다.
> 한성 : 원래 어른이 좀 느려. 생각이 많으니까.
>
> - 〈커피프린스 1호점〉 9회

이야기는 한결과 한성, 유주라는 오랜 관계를 유지해온 중심인물들 사이에 은찬이라는 새로운 인물이 투입됨으로써 발생되고 있다. 그런데 이 세 인물은 공통적으로 아버지가 부재된 세계에 살고 있다. 한결은 고등학교 때 출생의 비밀을 알게 되면서 아버지를 원망하는 마음으로 살아가고 있으며, 한성은 늘 바쁘신 부모님 때문에 어려서부터 혼자 자랐으며 현재는 타국에 떨어져 살고 있다. 유주는 계속해서 이혼과 네 번의 결혼을 반복한 엄마 때문에 아버지의 자리가 비어져있다. 각자가 불행한 어린 시절의 상처를 지닌 이들은 제대로 된 성장을 거치지 못하고 어른이 된 것이다. 고아원에 맡겨졌다가 집으로 들어온 한결은 어려서부터 혼자 놀 수 있다는 이유로 블록을 만들기 시작해 블록 디자이너가 되었다. 그는 어른이 되어서도 밀폐되고 고립된 장난감의 세계에 갇혀있는데, 거기서만은 "뭐든 내 마음대로 할 수 있"다는 유아기적 발상에 고착되어 있는 것이다. 한성도 마찬가지로 텅 빈 집에서 외로움을 덜기 위해 방방마다 불을 켜 놓고 쉼없이 음악을 틀어놓았던 경험이 음악 감독이라는 직업으로 이어지고 있다. 유주는 혼자만의 작업인 회화 창작에서만 자유를 느낄 수 있으며 독신주의를 고수한다.

이에 비해 역설적이게도 어린 아이의 순수함을 지닌 은찬은 돌아가신 아버지를 대신해 스스로 "가장"의 역할을 하는 인물이다. 등장인물들은 은찬과 만나게 되고, 사랑과 헤어짐을 겪으면서 각자 성장을 이루게 된다. 유주처럼 은찬을 통해 자신의 젊은 시절을 돌아본다거나, 한성과 한결처럼 순수함에 동화되는 과정을 거친다. 즉 은찬은 이들에게도 의사(擬似) 아버지 역할을 한다. 은찬에 의해 회복한 순수함이라는 가치는 이들이 어린 시절 겪어야했던 성장을 뒤늦게 다시 체험하게 만들어주며, 진정한 어른이 되도록 이끈다. 즉 '순수함'이라는 가치는 '성장'의 의미와 궤를 같이 하는 것이다.

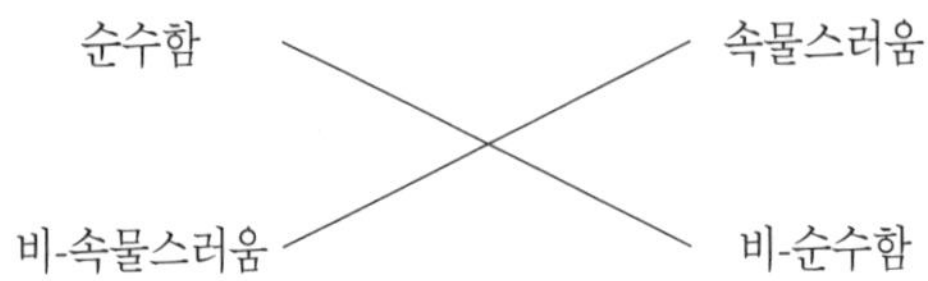

[그림 30] 드라마 〈커피프린스 1호점〉의 기저 의미

은찬과 함께 커피 프린스를 운영하면서, 한결은 밝고 소박해지며 여러 가지 변화된 모습을 드러낸다('속물스러움'→'비-속물스러움'). 결말에 가서 그는 혼자 하는 블록보다 함께 어울려 하는 사업에서 진정한 즐거움을 발견한다. 친구들과 어울리지 못했던 어린 시절을 순수함을 통해 다시 체험하고 고착에서 벗어나는 것이다('비-속물스러움'→'순수함'). 한성은 2년 동안 이해해보려고 엄청난 에너지를 낭비했던 유주의 외도를 은찬을 사랑하게 된 자신을 통해 진심으로 이해하고 극복한다. 유주 또한 비겁하게 도망쳤지만 결국 순수하게 자신의 감정을 인정하고 결혼을 결심함으로써 어린 시절의 상처에서 벗어난다. 사실 순수함을 상징하는 은찬도 한결과의 사랑 앞에서 여자임을 솔직하게 고백하지 못하는 '비-순수'의 모습을 일시적으로 띤다고 볼 수도 있지만, 곧바로 순수함을 회복한다.

드라마에서 은찬 역시 스스로 아버지 역할을 한다는 것은 아버지의 부재를 함의하는 것이다. 그러나 차별점은 은찬은 행복했던 유년 시절에 대한 그리움을 지닌 인물이라는 점이다. 다른 인물들에게 성장의 계기를 제공하는 은찬도 스토리가 진행되면서 결국 아버지의 역할에서 벗어나 자신의 정체성을 찾고 성장하는 과정을 과간다. 이처럼 서사 구조는 캐릭터들의 성장 과정에 초점을 맞추고 있는데, 그 기저에는 '순수함' 이라는 핵심 가치가 자리하고 있는 것이다. 이것이 공간에서 드러나는 동화적 세계에 대한 집착을 설명해준다. 또한 중심 소재인 '커피'는 '사랑'을 상징

할 뿐 아니라, 이와 동시에 이루어지는 어른 세계로의 진입, '성장'의 의미를 구상화하는 것이다.

플롯

이 드라마에는 두 가지 플롯이 겹쳐져있다. 하나는 은찬과 한결이 사랑을 이루어가는 과정이며 다른 하나는 이와 동시에 커피 프린스의 성공을 이루어가는 과정이다. 자격시련에서는 커피 프린스를 오픈하고 은찬이 남자로 가장하여 프린스로 취직하게 되는 단계가 그려진다. 생두 주문과 사과 판매에서 발생된 실수가 오히려 커피 프린스의 수익에 기여하게 되며, 또 이를 회복시키는 과정에서 한결이 지닌 성격에 긍정적인 변화가 나타난다. 근본시련은 커피 프린스가 목표대로 3배의 매출을 올리는 결과를 이루는 단계이며, 여기서는 주로 은찬과 한결이 사랑에 성공하기까지의 과정을 다루고 있다. 두 사람은 근본시련의 전반부터 서로에 대한 사랑을 인정하지만, 연인에 이르기까지는 몇 가지 갈등 단계를 거치게 된다. 의형제를 맺었다가 실패하고, 다시 동성애를 받아들이는 단계, 최종적으로 은찬의 정체성이 드러나면서 연인이 되는 것이다. 이러한 과정을 이끌어가는 주된 플롯의 효과는 은찬의 정체성이 제공하는 서스펜스이다.

〈표 12〉 드라마 〈커피프린스 1호점〉의 서사 도식과 기능 모델

서사 도식	프로프의 기능	내 용
최초 상황 (1회-3회)	부재	아버지의 부재(소녀 가장)
	금지의 위반	스쿠터 파손
	탐문	사례금을 받으러 한결을 찾아감
	사기/본의 아닌 공모	남자 애인 제안 / 남자 애인 아르바이트
	손해 혹은 결핍	전세금 오름, 태권도장 관장 야반도주

서사 도식	프로프의 기능	내 용
	위임	할머니의 제안 - 왕자 커피숍 매출 3배
	주인공의 결단	한결의 커피숍 운영 결심
자격시련 (3회-6회)	출발	커피 프린스 오픈 준비
	시련의 지정/수락	남자만 채용 / 은찬 남자로 가장하여 취직
	시련의 지정/수락	생두 주문 실수 / 생두를 볶아서 판매
	시련의 지정/수락	과수원 사과 판매 실수 / 과수원 노동으로 보상
	원조자를 받아들임	홍사장을 인정하고 받아들임
근본시련 (7회-12회)	결투/승리	은찬과 한결의 사랑 / 의형제 맺음(8회)
	결투/승리	은찬과 한결의 사랑 / 동성애 인정(10회)
	결투/승리	은찬과 한결의 사랑 / 정체성 회복과 화해(12회)
	결투/승리	커피 프린스 운영 / 매출 3배 달성
영광시련 (13회-17회)	임무의 부과/성공	한결의 자립(커피 사업) / 사업 확장과 성공
	임무의 부과/성공	은찬의 자립(밀라노 유학) / 바리스타
	인지	은찬 세계 바리스타 대회 우승
	주인공의 현시	커피 프린세스 바리스타 채용
최후 상황 (17회)	결혼	결혼을 암시

은찬의 정체성이 여성이라는 정보가 시청자에게 처음부터 '누설'된 상황에서, 그녀가 남성의 역할을 하면서 살아간다는 아이러니는 서스펜스를 제공한다. 특히 그 사실이 한결과의 사랑이라는 주된 플롯의 장애물로 작용하면서 더욱 몰입의 요소로 작용하게 되는 것이다. 근본시련까지의 플롯은 주변 인물들이 하나씩 그 사실을 '인식'해가는 것을 통해 긴장감을 유지시키고 있다. 3회에서는 홍사장이, 4회에서는 한성이 이 사실을 숨겨주면서 원조자가 되고, 가족과 이웃들 또한 여기에 동참한다. 그러다가 처음 민협이 은찬의 정체성을 알게 되고(5회), 다음으로 유주(6회), 그리고 선기(8회), 하림(10회)이 차례로 정보를 획득한다. 마침내 11회에서

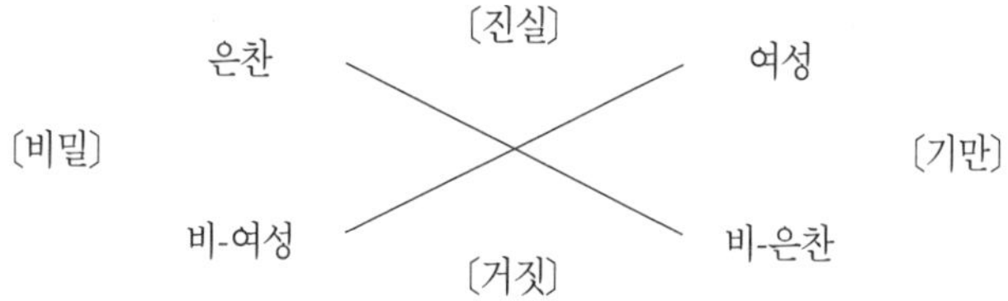

[그림 31] 은찬의 정체성에 관한 '진리판단 양상화'

한결이 '인식'하게 되면서 '비밀'의 영역에 있던 정보는 '진실'로 드러난다.

이 드라마의 스토리에서 가장 중요한 관건은 사랑이라는 가치 대상을 얻느냐, 얻지 못하느냐가 아니다. 여기서는 사랑을 하느냐가 중요한 것이 아니라, '어떻게' 사랑하느냐에 초점에 맞춰지고 있다고 하겠다. 한결은 은찬이 남성이라는 장애물이 사라졌음에도 거기에 반색하지 않는다. 분명 목적을 이루기 위해서는 유리한 조건이 되었지만, 사랑하는 사람에 대한 배신감으로 은찬을 받아들이지 못한다. 그리고 서로 이해와 용서를 통해 마침내 진정한 연인으로 승리하지만, 그것이 스토리의 끝이 아니다. 서스펜스는 극의 주된 흥미요소로 작용해왔던만큼 이 지점에서 플롯은 종결되는 인상을 준다. 하지만 스토리의 관심이 '어떻게'라는 점에 더욱 무게를 두고 있으므로 영광시련의 단계 역시 중요한 의미를 가진다.

영광시련에서는 다시 한 번 '어떻게' 사랑할 것인가에 대한 문제가 제기되며 여기에 답하고 있다. 바로 자립한 다음 결혼하겠다는 은찬의 결심이 실현되는 단계이다. 그러한 점이 바로 이 드라마가 로맨틱 플롯에 영웅 플롯을 결합시키고 있는 근본적인 이유가 될 것이다. 커피 프린스의 발전은 주인공의 사랑을 은유적으로 드러내는 것이다. 커피 프린스(사랑)에 입문함으로써 은찬은 처음으로 꿈을 가지게 되었으며, 그 꿈을 이루는 데에 사랑은 힘이 되어준다. 한결은 커피 프린스(사랑)의 경험을 통해 유아기적인 도피처였던 장난감의 세계에서 벗어나며, 은찬과의 이별을 전제로 한 미국행을 포기한다. 결말에서 한결은 사람들과 어울리는 커피 사업에 성공하고, 은찬은 유능한 바리스타가 되어 돌아온다. 커피 프린스에 이은 커피 프린세스의 오픈은 은찬의 정체성을 더욱 보장하며 각자의 자립을 강조한다. 그리고 두 주인공은 2년간의 헤어짐을 극복하고 서로의 사랑을 지킴으로써 '결혼'에 이르게 된다. 즉 근본적으로 사랑에 성공함으로써, 이들은 사랑과 일 모두에서 결실을 맺는 해피엔딩을 맞는다.

캐릭터

이 드라마의 주인공인 은찬은 한 마디로 '트릭스터(trickster)'의 원형을 드러내고 있다. '트릭(trick:사기)을 거는 자'라는 원래 뜻을 지닌 이 인물 유형은 카니발적인 행위의 선동자로, 축제적인 웃음을 유발시키는 자이다. 트릭스터는 원래 미국 인류학자 폴 라딘(Paul Radin)에 의해 북미 원주민 신화의 인물에서 유래되었지만, 후에 학자들에 의해 민족이나 문화권의 차이에도 널리 퍼져 있는 원형임이 증명되었다. 그리스 신화의 디오니소스나 헤르메스가 대표적으로 언급되었으며, 한국의 민담에 자주 등장하는 '도깨비'에서 그 원형을 발견하기도 한다. 융은 무엇보다도 트릭스터가 지닌 모순된 등가성, 말하자면 상반된 역을 동시에 한 순간에 발휘하는 성질에 유념하였다.[80]

트릭스터의 캐릭터는 상반되는 성질을 포괄하기 때문에 쉽게 파악하기 어렵다. 그들은 논리적으로 결코 설명되지 않는 이율배반적인 성격을 갖는다.[81] 은찬은 주로 "엽기", "괴물", "언발란스"한 이미지로 제시된다. 이는 우선 모호한 성적 정체성에 기인하는 것으로, 그녀가 "사내도 아니고 기집애도 아닌" 형상을 띠기 때문이다. 또한 집안의 "가장"이자 "학부

80 김열규(2001), 『도깨비 날개를 달다』, 한국학술정보. pp.61-73 참조.
81 최정은(2005), 『트릭스터, 영원한 방랑자』, 휴머니스트. p.156.

형"으로서의 역할을 하는 '아버지'이자, 동심을 지닌 순진무구한 '아이'의 모순된 성격을 한 몸에 가지는 인물인 것이다. 은찬이 쓰고 있는 '트릭'이라면, 여자로서 커피 프린스에 들어가는 것을 들 수 있다. 트릭스터는 특정한 집단의 내부에 속하는 자가 아니라, 내・외부를 가로지는 경계적인 인물이라고 한다. 즉 자신의 한계를 극복하고자 하는 간절한 추구만 있을 뿐, 질서도 경계도 모르는 자이다. 금기란 보통 부정한 것인데, 이는 쉽게 '여자'라는 항목과도 연결된다.[82] 은찬은 남자만이 '프린스'가 될 수 있다는 금기를 깨뜨리고, 여자로서 커피 프린스에 입문하는 트릭을 부리는 것이다.

이어서 은찬이 트릭스터로서의 면모를 드러내는 점들을 지적해보면, 크게 세 가지로 요약할 수 있겠다. 하나는 트릭스터의 채워지지 않는 허기로 인한 '식탐'이다. 우리의 설화에서도 도깨비는 고기와 술을 엄청나게 좋아하며, 또한 호색한으로 묘사된다. 다음으로 트릭스터는 오줌과 똥, 침, 정액 등 '배설물'의 이미지와 쉽게 연결되는데, 이는 무엇보다 익살맞은 물질이다. 육체적인 것이라는 맥락에서 허기와 유사한 의미를 함축한다. 바흐친의 시각에서 카니발적인 신체는 공포를 웃음으로 바꾸는 유쾌한 물질이다.[83] 그리고 마지막으로 트릭스터가 가진 '괴력'을 들 수 있다. 트릭스터는 많은 이야기에서 어리숙하지만 초인적인 영웅으로 드러난다. 한국인이 즐기는 민담에는 보통 사람들이 상상도 못할 엄청난 힘을 지닌 초인적 인물에 관한 이야기가 무척 많은데, 도깨비 또한 힘이 장사라고 한다. 여기에는 억압된 자들의 반발심과 구원에 관한 동경이 동시에 담겨져있다고 볼 수 있다.[84] 그렇다면 이즈음에서 은찬이 지니고 있는 위의

82 위의 책. p.200.
83 위의 책, p.290.
84 김열규, 앞의 책. p.101-111.

〈표 13〉 트릭스터로서의 은찬 캐릭터의 징후

허기와 식탐	배설물의 이미지	괴 력
- 땅에 떨어뜨린 아이스크림 주워먹음(1회) - 자장면 5그릇 빨리 먹기 내기(1회) - 중국집에서 물잔에 고량주 부어 마심(한결: "엽기")(2회) - 덜 익은 삼겹살/바닥에 떨어진 삼겹살 주워 먹기(5회) - 유주 전시회 오픈식에서 뷔페에 환호함(6회) - 한결이 김밥에서 빼놓은 오이 긁어먹음(7회) - 탕수육 곱빼기에 고량주 마시기(7회) - 밤에 라면 끓여먹기(13회) - 한성집 초대에서 술과 음식 엄청나게 먹음(14회)	- 구씨, 변기 막힐 때마다 은찬을 찾음(1회) - 자장면에 침 뱉고 이물질 넣어서 먹기(1회) - 태권도장에서 똥 싼 아이 씻기기(*한결, 구역질)(2회) - 변비에 대해 이야기함(한결: "드러운 자식")(5회) - 화장실 청소, 막힌 변기 뚫기(13회)	- 은새, 양아치가 괴롭힌다고 은찬("오빠")찾음(1회) - 취객을 업어서 택시에 태워 줌(한결: "여자차력사")(1회) - 취한 한결을 업고 집까지 데리고 감(2회) - 인테리어 공사 때 가구 들어 옮김(하림: "천하장사")(3회) - 농구 시합 끝까지 포기하지 않고 뜀(4회) - 한결의 '고은찬 로봇' 선물(한결: "무쇠팔 무쇠다리 천하무적 쥐방울")(7회) - 한결을 주먹으로 쳐 코피 터트림(한결: "보디가드")(7회)

세 가지 성격이 어떻게 '징후'로 제시되고 있는지 살펴보도록 하자.

트릭스터가 출현하는 피지배층의 허구서사(동화와 만화)에는 언제나 '순진무구함(innocence)'의 힘에 대한 토포스가 있다. 살아있음에 대한 기쁨, 단순한 마음, 삶에 대한 경이, 우연한 행운 등이 표현되는 것이다.[85] 바로 이 드라마의 심층 구조와 연결되는 부분이다. 어린 아이 같은 순수함이 지닌 은찬은 대표적인 트릭스터 이미지인 '어릿 광대'를 연상시킨다.

85 최정은, 앞의 책. p.357.

도입 부분 은찬과 한결의 우연한 만남이 반복되면서 한결은 계속 웃음을 짓게 된다. 은찬의 방을 둘러보던 한결은 거울을 통해 자기도 모르게 웃고 있는 것을 발견한다(3회). 한결에게 은찬은 "진짜 웃"긴 "놈"이며(4회), 한성에게도 "기분 되게 좋"게 만들어주는 "꼬맹이"(4회)이다. 은찬을 보며 너무 많이 웃는 한성을 보고, 유주는 질투를 느끼기도 한다(6회). 그리고 은찬이 떠나버린 '커피 프린스'는 "신이 안 나"는 공간으로 전락한다(17회). 또한 은찬은 한결과의 사랑을 이루어가는 과정에서 그와 좋았다 나빴다를 반복해가는데, 은찬에게 그들 사이가 좋다는 표지는 곧 웃고, 장난치고, 떠드는 것으로 인식되는 것을 볼 수 있다(9회, 12회).

맺음말

영상콘텐츠는 스토리텔링이라는 코드를 통해 대중과 소통되고 있다. 산업적인 측면에서 수익을 높이고 가치있는 콘텐츠로 자리매김되기 위해서는 해당 문화와 대중에 대한 이해를 기반으로 효과적인 커뮤니케이션 전략이 전제되어야 한다. 이런 맥락에서 우리는 이 책에서 스토리텔링을 중심으로 하는 기획 방법론을 연구해보았는데, 산업 현장에서 보편적으로 참고할만한 체계적인 모델의 제시는 의미있는 성과라 할 수 있다.

영상콘텐츠의 제작은 창조적인 작업이다. 막대한 예산이 투입되고 수많은 인원의 노동이 전제되며 최대한의 이윤을 목적으로 하는 산업이지만, 그 산업을 이루어내는 원동력은 창조성에 있다. 우리는 이 책을 통해서 창조성 자체에 대한 기여를 할 수는 없다. 틀에 담을 수 없는 그것을 규정하는 순간 이미 창조성은 사라지기 때문이다. 대신 그러한 창조성을 더욱 효과적으로 발휘하는 데 유용한 방법론을 제시할 수는 있을 것이다.

영상콘텐츠는 대표적인 이야기 장르의 하나이다. '이야기 장르'란, 미디어의 구분을 배제하고 문화콘텐츠 영역에서 본질적으로 '이야기' 요소가 전면에 부각되는 콘텐츠 장르를 지칭하는 용어로 사용할 것을 제안한다. 예를 들어 만화, 영화, 드라마, 연극, 뮤지컬 등의 장르는 스토리텔링 자체가 콘텐츠 향유의 주요 목적이자 기능이므로 이야기 장르로 간주될 수 있다. 반면 게임, 테마파크, 전시, 축제 등의 장르는 스토리텔링을 응용하는 장르로 볼 수 있을 것이다.

스토리텔링 →	**이야기 장르** →	**이야기 응용 장르**
	문학/만화	게임
	영화/드라마	테마파크
	애니메이션	전시
	연극/뮤지컬	축제
		에듀테인먼트
		문화도시
		마케팅

[그림 32] 문화콘텐츠 스토리텔링의 유형

오늘날 스토리텔링이 중요한 개념으로 부각되는 것은 이야기 장르라는 한계를 넘어 이야기 응용 장르로의 무한한 확대 가능성 때문이기도 하다. 이러한 맥락에서 이 책을 통해 다루고자 한 영상콘텐츠의 스토리텔링 기획 방법론은 차후에 다양한 응용 장르에 확대 적용될 수 있으리라 기대된다. 이때 장르적인 특성에 의해 나타날 수 있는 다양한 변수를 맞아 새로운 모색을 계속해 나가는 것이 우리의 남은 과제일 것이다.

참고문헌

단행본

강현미(2005), 『글로벌 시대의 문화 번역』, 또하나의 문화.

고혜경(2006), 『선녀는 왜 나무꾼을 떠났을까』, 한겨레출판.

김병욱 편 · 최상규 역(2007), 『현대소설의 이론』, 예림기획.

김성곤(2004), 『영화 속의 문학』, 서울대학교 출판부.

김승현 · 한진만(2001), 『한국 사회와 텔레비전 드라마』, 한울 아카데미.

김열규(2001), 『도깨비 날개를 달다』, 한국학술정보.

김영순 · 박지선 외(2005), 『겨울연가, 콘텐츠와 콘텍스트 사이』, 다할미디어

김욱동(1988), 『대화적 상상력: 바흐친의 문학 이론』, 문학과 지성사.

김운찬(2005), 『현대 기호학과 문화분석』, 열린책들.

김인환(2003), 『줄리아 크리스테바의 문학 탐색』, 이화여자대학교출판부.

김정희(2007), 『삼순이 신드롬 : 성공하는 스토리텔링』, 하늘연못.

김정희(2010), 『스토리텔링 이론과 실제』, 인간사랑.

김치수(1980), 『구조주의와 문학비평』, 홍익사.

김치수 외(1998), 『현대기호학의 발전』, 서울대학교출판부.

김행숙(2004), 『문학의 새로운 이해』, 청동거울.

김헌식(2007), 『대중문화 심리로 본 한국사회』, 북코리아.
김훈순 외(2005), 『영상 콘텐츠 연구』, 커뮤니케이션북스.
데이비드 하워드 & 에드워드 마블리, 심산 역(1999), 『시나리오 가이드』, 한겨레신문.
레이몬드 윌리엄스, 박만준 역(2003), 『문학과 문화이론』, 경문사.
로날드 B. 토비아스, 김석만 역(1997), 『인간의 마음을 사로잡는 스무가지 플롯』, 풀빛.
롤프 옌센, 서정환 역(2000), 『드림 소사이어티』, 리드리드출판사.
문만기(2006), 『디지털 영상콘텐츠 기획론』, 정보와 사람.
미디어문화교육연구회(2005), 『문화콘텐츠학의 탄생』, 다할미디어.
박성봉(1994), 『대중예술의 이론』, 동연.
박인철(2003), 『파리학파의 기호학』, 민음사.
백승국(2004), 『문화기호학과 문화콘텐츠』, 다할미디어.
서정남(2004), 『영화 서사학』, 생각의 나무.
설진아(2007), 『방송 기획제작의 기초』, 커뮤니케이션북스.
송효섭(1999), 『설화의 기호학』, 민음사.
스티븐 존슨, 윤명지 · 김영상 역(2006), 『바보상자의 역습』, 비즈앤비즈.
심산(2004), 『한국형 시나리오 쓰기』, 해냄.
안영진 외(2007), 『한국영화제작매뉴얼』, 커뮤니케이션북스.
앤드류 호튼, 주영상 역(2000), 『캐릭터 중심의 시나리오 쓰기』, 한나래.
오명환(1994), 『텔레비전 사회학』, 나남출판.
오종우 편역(1995), 『영화의 형식과 기호』, 열린책들.
윌리엄 밀러, 전규찬 역(1995), 『드라마 구성론』,나남출판.
유리 로트만, 김수환 편역(2008), 『기호계』, 문학과 지성사.
유리 로트만, 러시아시학연구회 편역(1996), 「예술적 공간에 관한 소고」, 『시간과 공간의 기호학』, 열린책들.
유재원(2005), 『신화로 읽는 영화, 영화로 읽는 신화』, 까치.

유지나(1999), 『멜로드라마란 무엇인가』, 민음사.
윤석진(2004), 『한국 대중서사, 그 끊임없는 유혹』, 푸른사상.
여홍상(2000), 『바흐친과 문화이론』, 문학과 지성사.
이득재(2001), 『가족주의는 야만이다』, 조합공동체 소나무.
이득재(2003), 『바흐찐 읽기』, 문화과학사.
이어령(2006), 『디지로그』, 생각의 나무.
이인화 외(2003), 『디지털 스토리텔링』, 황금가지.
인문콘텐츠학회(2006),『문화콘텐츠 입문』, 북코리아.
장기오(1997), 『TV드라마 바로보기, 바로쓰기』, 커뮤니케이션북스.
정영희(2005), 『한국 사회의 변화와 텔레비전 드라마』, 커뮤니케이션북스.
제임스 린톤 & 가스 조엣, 김훈순 역(1994),『영화 커뮤니케이션』, 나남출판.
조셉 캠벨 & 빌 모이어스, 이윤기 역(2002),『신화의 힘』, 이끌리오.
조은하(2006), 『스토리텔링』, 북스힐.
조주관 편역(1993), 『러시아 현대비평이론』, 민음사.
채윤희 외(2002), 『영화 프로듀싱과 홍보 마케팅 입문』, 도서출판 소도.
최연구(2006), 『문화콘텐츠란 무엇인가』, 살림.
최예정・김성룡(2005), 『스토리텔링과 내러티브』, 글누림.
최용호(2009), 『서사로 읽는 서사학』, 한국외대출판부.
최혜실(2006), 『문화콘텐츠, 스토리텔링을 만나다』, 삼성경제연구소.
최혜실 외(2007), 『문화산업과 스토리텔링』, 다할미디어.
퍼트리샤 워, 김상구 역(1989), 『메타픽션』, 열음사.
한국정신문화연구원(1991), 『한국민족문화대백과사전11』, 웅진 출판.
황병하(1992),『반리얼리즘 문학론』, 열음사.

Bal, Mieke(1985), *Narratology: introduction to the theory of narrative*, University of Toronto Press.
Chatman, Seymour(1978), *Story and Discourse: Narrative Structure in*

Fiction and Film, Cornell University Press.

Cohan, Steven& Shires, Linda M.(1988), *Telling Stories: The theoretical analysis of narrative fiction*, Routledge.

Field, Syd(1994), Screenplay: The Foundation of Screenwriting, NewYork; Dell Pub. co.

Genette, Gérard(1972), *FiguresIII*, Paris; Seuil.

Greimas, A.J. (1970), *Du sens*, Paris; Seuil. (1983), *Du sensII*, Paris; Seuil.

Hénault, Anne(1979), *Les enjeux de la Sémiotique*, PUF.

______(1983), *Narratologie, Sémiotique générale*, PUF.

Hogan, Patrick Colm(2003), *The Mind and Its Stories: Narrative Universals and Human Emotion*, Cambridge University Press.

Lotman, Yurij M. (1990), *Universe of The Mind - A Semiotic Theory of Culture* (translated by Ann Shukman), Indiana University Press.

Ong, Walter(1982), *Orality and Literacy: the technologizing of the word*, Methuen.

Prince, Gerald(1982), *Narratology: The Form and Function of Narrative*, The Hague: Mouton.

Propp, Vladimir(1970), *Morphologie du conte*, Paris; Seuil.

Rimmon-Kenan, Shlomith (1983), *Narrative Fiction: Contemporary Poetics*, London: Methuen.

Segre, Cesare(1979), *Structures and Time*, The University of Chicago.

Stockwell, Peter(2002), *Cognitive Poetics*, Routledge.

논문

강한섭(1984), 「멜로드라마의 컨벤션 연구」, 서강대학교 석사학위논문.

김수환(2002), 「유리 로트만 기호학에 있어서 '공간'의 문제」, 『기호학 연구』

제11집, pp.213-244.
김수환(2006),「문학과 공간: 이론사적 공간과 문화기호학적 전망」,『기호학 연구』 제19집, pp.187-216.
김정희(2007),「멜로영화 콘텐츠의 스토리텔링 전략 분석」,『인문콘텐츠』, 제10집, pp.211-233.
김정희(2009),「시나리오의 극적 통일성에 관한 연구」,『기호학 연구』제26집, pp.143-165.
김정희(2010),「영상콘텐츠 기획을 위한 스토리텔링 전략」,『문화산업연구』 제10권 제1호, pp.168-184.
김지석(1997),「한국의 멜로드라마 영화에 나타나는 이야기의 공식과 지배이데올로기」,『영화언어』.
남재일(2001),「한국에서 멜로드라마가 갖는 특권적 지위에 관한 해석적 분석」, 고려대학교 석사학위논문.
박성수(1997),「〈질투〉는 왜 트렌디드라마의 시작인가」,『방송비평』, pp.4-8.
박은희(1997),「트렌디 드라마가 보여주는 모사, 환영, 그리고 이데올로기」,『방송 비평』, pp.23-27.
백승국(2007),「게임콘텐츠 기획을 위한 스토리텔링 방법론: 문화기호적 방법론을 중심으로」,『한국프랑스학논집』 제59집, pp.267-284.
송치만(2007),「담화 층위의 행위자화 문제: 〈왕의 남자〉에 나타난 중성적 인물의 기호학적 연구」,『한국프랑스학논집』제60집, pp.35-52.
송치만(2008), 「스포츠 담화의 기호학적 분절」, 『기호학 연구』제23집, pp.245-271.
신선희(2001),「트렌디 드라마의 컨벤션 연구」, 한국외국어대학교 석사학위논문.
유지나(1997),「한국 멜로드라마, 원형과 의미작용 연구」,『영화언어』.
이윤경(2005),「한국 멜로드라마 영화 장르관습의 반복과 변화연구: 2003년 영화를 중심으로」, 서강대학교 석사학위논문.

조은하(2007), 「스토리텔링과 스토리리텔링」, 인문콘텐츠학회 콜로키움 자료집(2007. 5월).

최미숙(2002), 「한국 기획영화의 장르적 특성에 관한 연구」, 동국대학교 석사학위논문.

최은진(2006), 「퓨전사극에서 나타난 전복적 의미 생산 가능성 연구」, 동국대학교 석사학위논문

황동미(2001), 「한국영화산업구조분석 : 할리우드 영화 직배 이후를 중심으로」, 한국영화진흥원 위원회 연구 보고 2001-3.

황인성(1999),「트렌디 드라마의 서사구조적 특징과 텍스트의 즐거움에 관한 이론적 고찰」, 『한국언론학보』, pp.221-248.

Barthes, Roland.(1977), "Introduction to the Structural Analysis of Narratives", Image-Music-Text, selected and trans. Stephen Heath, London : Fontana/Collins.

Chatman, Seymour(1980), "What Novels Can Do That Films Can't(and Vice Versa)", *Critical Inquiry*(Autumn, 1980), pp.121-140.

Lotman, Yurij M.(1975), "On the Metalanguage of a typological description of Culture" Semiotica Vol.14. No.2, pp.113-130.

______(1977), "The Dynamic model of a semiotic system", Semiotica Vol.21, No.3/4, pp.193-210.

______(1977), "The Composition of the Verbal Work of Art", The Structure of The Artistic Text, Tr. by Gail Lenhoff and Ronald Vroon, The University of Michigan.

______(1978), "Text and function", New Literary History - A Journal of Theory and Interpretation, Volume IX, No.2. pp.233-244.

Rabkin, Eric S.(1977), "Spatial Form and Plot", *Crictical Inquiry*, Vol.4, No.2, pp.253-270.

찾아보기

ㅈ

ㅋ

ㅌ

ㅍ

ㅎ

스토리텔링으로 보는 콘텐츠 기획

초판 1쇄 발행 2010년 9월 20일
초판 2쇄 발행 2013년 11월 15일

지은이 ▪ 김정희
펴낸이 ▪ 박 철
펴낸곳 ▪ 한국외국어대학교 출판부
130-791 서울특별시 동대문구 이문로 107
전화: 02) 2173-2495 ~ 7
FAX: 02) 2173-3363
홈페이지: http://press.hufs.ac.kr
전자우편: press@hufs.ac.kr
출판등록 ▪ 제6-6호(1969. 4. 30)
편집 · 디자인 ▪ (주)이환디앤비 02)2254-4301
인쇄 · 제본 ▪ (주)동국문화 02)718-5011

ISBN 978-89-7464-566-3 (세트)
ISBN 978-89-7464-615-8 14000 정가 10,000원

* 잘못된 책은 교환하여 드립니다.

불법복사는 지적재산을 훔치는 범죄행위입니다.
저작권법 제136조(권리의 침해죄)에 따라 위반자는 5년 이하의 징역 또는 5천만 원 이하의 벌금에 처하거나 이를 병과할 수 있습니다.